销售就是会提问

90% 的订单都是问出来的

[日] 青木毅 著
肖辉 刘舒悦 译

なぜ、相手の話を「聞く」だけで営業がうまくいくのか？

天津出版传媒集团
天津人民出版社

图书在版编目（CIP）数据

销售就是会提问 /（日）青木毅著；肖辉，刘舒悦译 . -- 天津：天津人民出版社，2021.2
ISBN 978-7-201-17178-4

Ⅰ . ①销… Ⅱ . ①青… ②肖… ③刘… Ⅲ . ①销售－方法 Ⅳ . ① F713.3

中国版本图书馆 CIP 数据核字 (2020) 第 272919 号
中国版权保护中心图书合同登记号 图字 01-2020-424 号

NAZE, AITE NO HANASHI WO"KIKU"DAKEDE EIGYO GA UMAKU IKU NO KA?
BY Takeshi Aoki
Copyright © Takeshi Aoki, 2018
Original Japanese edition published by Sunmark Publishing, Inc., Tokyo
All rights reserved.
Chinese (in Simplified character only) translation copyright © 2021 by Beijing Standway Books Co., Ltd.
Chinese (in Simplified character only) translation rights arranged with Sunmark Publishing, Inc., Tokyo through Bardon-Chinese Media Agency, Taipei.

销售就是会提问
XIAOSHOU JIUSHI HUITIWEN

出　　版	天津人民出版社
出 版 人	刘　庆
地　　址	天津市和平区西康路 35 号康岳大厦
邮政编码	300051
邮购电话	(022) 23332469
电子信箱	reader@tjrmcbs.com

责任编辑	冯　磊
装帧设计	WONDERLAND Book design 仙境 QQ:344581934

印　　刷	天津中印联印务有限公司
经　　销	新华书店
开　　本	880 毫米 ×1230 毫米　1/32
印　　张	6.5
字　　数	122 千字
版次印次	2021 年 2 月第 1 版　2021 年 2 月第 1 次印刷
定　　价	42.00 元

版权所有　侵权必究
图书如出现印装质量问题，请致电联系调换（022—23332469）

前 言

一次与客户的沟通，彻底改变了我的人生。我所有的困惑瞬间都解开了，我找到了**"奇迹般的销售法则"**。

"原来这才是销售的本质！"

也许有点让你难以置信，但用了这个销售法则后，从第二天开始，我工作时就变得开心了起来，每天都期待着新的任务，期待着新的面容，期待着客户满意的微笑。

慢慢地，越来越多的客户向我表示感谢，我的销售额也随之提高。自信的我，无论在职场上，还是在家庭中，都能处理好人际关系，从而能够专心工作，业绩步步高升。

这是我的亲身经历，不是一时好运或是编造出来的故事。从那一天起的22年的时光可以为我作证，我的销售生涯，甚至是我的人生，都发生了极大转变。

到底是什么改变了我？

答案只有一个：**一心做客户的好帮手，倾听客户的声音。**

也许有人会质疑："销售哪有这么简单？"但这的确是我从实践中得来的真知。

不只是我，我指导过的3万多名销售人员也证实了一点。

"做客户的好帮手"这种想法让我**发生改变的原因、方式及具体的方法**，我都会不遗余力地通过这本书告诉大家。

我相信在与这本书相遇后，你的工作和人生一定会迎来转变。

青木毅

目 录 >>>

序章
销售到底在卖什么

七成的工作都属于销售，问题与麻烦不断 / 003

萃取 40 年销售经验，总结提问关键 / 005

摒弃售货员思维，是提问的第一步 / 007

会提问，是 3 万多名销售摆脱困境的技能 / 009

利用提问销售法，方可扭转局面 / 011

销售成功的根本原因，是客户有需求 / 013

为什么"销售一开口，客户赶紧走" / 015

90% 的潜在客户，需要被提问 / 017

销售就是要越提问，才能越专注 / 019

通过提问，30 分钟改变我的销售生涯 / 021

提问销售法，助你成为一流销售 / 024

第一章
销售的本质：用提问挖掘客户需求

用提问产生交流，顺利展开合作／027

用提问激发销售意识，成为专业顾问／029

用提问抓住"单纯动机"，洞察客户心理／031

用提问关注需求，提高销售敏锐度／034

用提问引出对话，有效进行商务沟通／037

用提问掌握信息，才能后发制人／039

用提问判断客户意愿，激发客户猜拳／043

用提问正视客户需求，让销售简单化／047

用提问散发销售魅力，做一个懂客户的人／049

用提问拉近关系，让倾听产生信任／051

用提问放松交谈，王牌销售都会巧妙提问／053

用提问解决问题，让客户满意成为动力／055

用提问切换面貌和风格，销售改变人生／058

第二章
学会提问：规避销售的误区

销售前期——拉近与客户的距离／063

　　误区1：销售要有活力／066

建议1：重要的是亲和力和信任感 / 067

误区2：销售要有毅力 / 069

建议2：首先要尽全力搞好关系 / 070

误区3：坚持介绍产品，一定能让客户心悦诚服 / 072

建议3：积极提问，打开客户心扉 / 073

误区4：倾听就能让对方喜欢自己 / 074

建议4：适时打断对方即可 / 076

提案环节——介绍产品和服务 / 078

误区5：客户就是上帝 / 080

建议5：利用提问，学会谈判 / 082

误区6：直接递交产品手册 / 083

建议6：提问后，再递交产品手册 / 084

签单时刻——让客户下定决心 / 087

误区7：一步到位 / 088

建议7：确认客户意愿，要从容应对 / 090

第三章

提问销售法：销售的制胜秘诀

激发客户购买欲，是提问的内在逻辑 / 095

建立关系，提问从"为客户分忧"开始 / 098

提问销售法的两大目的，快速拉近关系 / 100

 目的1：了解客户的"生活方式"和"思维模式"，创造签单氛围 / 101

 目的2：了解客户的"现状"和"烦恼与需求"，增强签单信念 / 102

提问触发需求，需求带来机遇 / 104

提问的过程，是双方达成共识的过程 / 107

会提问≠让客户不停地回答问题 / 110

坚持提问两大原则，赋予其"神韵" / 112

 原则1：销售的本质是为客户提供帮助 / 113

 原则2：人只会按自己的意愿行事 / 114

掌握行动规律，遵循提问的行动步骤 / 116

以客户为中心思考问题，引导客户思考 / 118

三个关键词，构建提问销售法的运作模式 / 120

采用提问销售法，让销售事半功倍 / 123

第四章
激发客户购买力：20个提问技巧

提问销售法的20个提问技巧 / 127

 技巧1：选一个问题作为切入点，轻松展开对话 / 127

 技巧2：万能的"三问" / 128

 技巧3：提问越简短，效果会更好 / 132

4

技巧4：销售不想说，但一定要准备的问题 / 133

技巧5：以解决问题为基本，提问没有禁忌 / 134

技巧6：越懂人情世故，越不会提问 / 134

技巧7：在提问中表达同感，引起共鸣 / 135

技巧8：在共鸣中分享自我，拉近关系 / 136

技巧9：被拒绝时，先表示理解，再切换话题 / 137

技巧10：提问中，要注意对话的节奏 / 138

技巧11：稳步推进提问步骤，更受人欢迎 / 139

技巧12：巧妙提问，推销低价产品 / 140

技巧13：作为专业顾问，不需要微笑 / 142

技巧14：专注于对话，及时做出反应 / 143

技巧15：放下面子，融入对方圈子 / 144

技巧16：利用小技巧，吸引对方注意 / 145

技巧17：签单阶段，要保持平常心 / 146

技巧18：熟练7步骤，掌握提问销售法 / 147

技巧19：做好售后，建立销售的信念 / 154

技巧20：售后跟踪，才是销售的开始 / 155

第五章
销售赋能：活用提问销售法

提问改变执念，影响自己和他人心境 / 159

遵循他人意愿地提问，促进良性循环 / 162

利用提问销售法，改善亲子关系 / 164

提问保持联系，增强可持续合作的可能性 / 166

不是销售能力的问题，而是销售方法不对 / 169

提问解决沟通难题，将对话进行到底 / 172

用提问指明方向，拓宽话题空间 / 175

建立亲子对话，提问比指责更有意义 / 177

最好及时提问，用提问弥补遗憾 / 179

积极接受事实，提问可以带来新方案 / 182

随时以身作则，随时成为他人榜样 / 184

客户的认可，是销售工作的原动力 / 186

学会提问，让生活"润"起来 / 188

秉持提问的本质，坚定提问的信念 / 190

后记 / 193

序章

销售到底在卖什么

- 萃取40年销售经验,总结提问关键
- 摒弃售货员思维,是提问的第一步
- 会提问,是3万多名销售摆脱困境的技能
- 销售成功的根本原因,是客户有需求
- 为什么"销售一开口,客户赶紧走"

七成的工作都属于销售，问题与麻烦不断

首先，请回答我一个问题：你是抱着怎样的心情从事销售工作的？

"我太喜欢做销售了。"
"销售这种工作仿佛是为我量身定制的。"
"我的业绩一直很好，和客户相处融洽。"

看了这些回答，原来世界上还有这么出色的销售从业者。但是要知道，这类"一流销售"终究是占极少数的。他们要么天生就适合销售工作，要么掌握了成功销售的秘诀，要么运气极好。

世界上有各式各样的工作，但人们普遍认为其中七成的工作都属于销售。而且我发现，大多数从事销售的人都抱有各种各样的烦恼：产品完全卖不出去、业绩不达标、快要签单的时候客户

就跑了，甚至无法接近客户、与客户无法相处，等等。

虽然每个人的烦恼都不一样，但他们都有一个共同点——因为公司或上司对他们的过分期待而倍感压力。

这时，许多销售人员又会想："这种产品怎么可能卖得出去、形势太差了、我没有能力……"因此半途而废。

他们甚至觉得"销售太难做了""讨厌做销售""工作太没劲了"……从而失去工作动力。

以上是我作为营销咨询培训师与3万多名销售人员交流后的真实感受。我也曾像他们一样逃避着什么。

萃取 40 年销售经验，总结提问关键

我在大学毕业后成为一名外卖寿司店的售货员，那便是我销售生涯的起点。店铺意外倒闭后，我转到了完全不同的行业里，之后也跳槽过几次。

我曾辗转于一流金融企业、美资培训机构和房地产销售公司，均从事销售工作。现在我担任营销咨询培训师，负责对销售人员进行销售实操培训，与他们一同外访客户，亲自指导实践。

也就是说，我从 22 岁到如今的 62 岁为止，坚持从事了 40 年销售！

这期间，事情总是不如所愿，我多次与内心做斗争，经历了无数次从失败受挫到重整旗鼓的过程。

接下来我会跟大家好好聊聊我的销售生涯，这一路上少不了磕磕绊绊。

我搜罗了所有销售书籍，找前辈和成功人士传授经验，拼命

探索"成功秘诀"。同时把觉得好的方法一点点付诸实践,进行验证和分析。有时候一根筋地觉得自己抓住了希望,以为可以顺利进行下去时,才发现那不过是一时的运气罢了,结果又变得灰心丧气。

我无数次盘问自己:"到底如何才能把产品卖出去?到底哪里出问题了?"就这样,我在内心不停地挣扎中熬了过来。自立门户后,我还曾因为资金问题被逼入连饭都吃不上的"绝境"。

或许我们身处的行业和环境不同,但我的经历必定能引起你的共鸣。

摒弃售货员思维，是提问的第一步

假如我问：你是为了什么而工作？也许很多人会回答"为了生活""为了养家"。当然，只有赚钱才能生活下去，这么回答也无可厚非。

也有人会说"想要事业有成""想得到别人的认同"，年轻时的我也是这么想的，但我现在越发不认同这种想法了。

这是为什么呢？因为我明白：如果抱着"为了生活"或"为了成功"的想法去工作，事情反倒不会顺利。虽说这种想法能成为我们工作的动力，但总是优先考虑自身利益的人生态度迟早会让人穷途末路。

销售得靠卖产品而活，所以很多人认为"卖得越多才能提高销售额"。有这种想法很正常，但同时我发现，这也正是产品卖不出去的原因。我之所以这么说，是因为"总之把产品卖出去就对了"是典型的"售货员"思维。

而销售绝不是售货员。

读到后面,你一定能体会到两者的区别。请先把这句话牢牢记在心里。

会提问，是3万多名销售摆脱困境的技能

我的工作是亲身指导在职销售人员，业余也会写写书，或到各处发表演讲。另外我还在网上开设了自己的播客专栏《青木毅的提问销售法》，公开面向社会销售人员聊我的工作心得。

这次我动笔撰写这本书，是因为在销售现场察觉到了强烈的危机感。说得更直白点，我想通过这本书帮助那些一筹莫展的销售群体。

正因为我亲历过这一路的曲折，所以分外懂得销售的烦恼。他们为了公司竭尽全力推销产品，然而即使用尽各种办法，费尽口舌，向客户卑躬屈膝也换不来与努力成正比的业绩。

他们因此而痛苦，从心底感到无助。他们希望公司和上司对他们多加理解。

当然，公司和上司也有自己的立场，没有谁喜欢天天连哄带赶地催促销售职员去完成业绩。他们只会说："如果是你，一定

没问题。只要再加把劲，竭力向客户展现你的诚意就可以了。"

正因为公司和上司不懂提高业绩的方法，不能科学而有逻辑地分析销售这份工作，才要用这种典型的唯心主义论调来激励他们。

听了这番话的销售人员则越发迷茫：这些我都明白也付诸行动了，到底叫我如何是好？他们越来越无法掌控局面，为此感到疲惫不堪，逐渐失去干劲。

为了改变这种状况，我决定动笔撰写此书。

我想帮助你摆脱困境！

我，一定能为你分忧。

我多年煞费苦心研究出的这个方法，不仅适用于各种行业，还适用于工作以外的地方。

为什么我如此自信？

因为将这个方法付诸实践后，我的工作观念和人生观念都发生了180度的大转变。而且我指导过的3万多名销售人员也因此找到了销售的乐趣，从而取得了令人讶异的成绩。

我收到了不少来自读者和听众的感谢。有读者拿着贴满便签的书找到我，笑着对我说："青木老师，这本书我读了不下30次。"我在播客专栏直播时也有听众表示："前100集的每一集我都听了10次。"能够收到这些反馈，实在是感激不尽。

利用提问销售法，方可扭转局面

下面我要向大家介绍的是"**提问销售法**"。

所谓"提问销售法"，简单来说就是：**持续地向客户抛出问题，快速激发客户的购买意愿**，顺利签单。也就是说，不需要对产品进行过多的介绍，只要不停地提问，认真倾听客户的想法就足够了。

当我这么说的时候，很多企业家都会毫不掩饰地提出质疑：世上哪有这么好的事？但事实确实如此。

我指导的众多销售人员中，不少人向我报喜："我的销售额冲上日本第一了！"

其中甚至还有人曾经连续7年业绩不达标，在快要被解雇的时候登门求助，不久就取得了成果，用不到一年的时间成了公司里的销售冠军。

更极端的，还有曾经既没有销售能力又其貌不扬的销售人员，如今脱胎换骨，仅用3年就成了公司的执行董事，令我非常吃惊。

在某个超市,所有的正式员工和钟点工都采用了我的提问销售法推销保险。

超市一般是在消费者结账后推销保险,所以我们不难想象在结完账的情况下,怎么会有人耐心听推销。消费者往往满脸不解:"你说什么?要我买保险?"进而摆手拒绝。毕竟来超市买东西的大妈们在这方面可不是吃素的。那场景真让人哭笑不得。

然而,在引入了提问销售法后,情况发生了180度转变!坐下来认真听保险推销的消费者,竟然比去年增长了200%。保险推销业务部门一下子打通了渠道,所有员工都同时得到了晋升。

销售成功的根本原因,是客户有需求

话说回来,销售卖给客户的到底是什么呢?

"毫无疑问,肯定是自己公司的产品了。"没错,销售的工作确实是推销产品。

那么,我再问一个问题:客户出于什么原因要买我们的产品呢?

"因为产品本身就很好。"——当然这算一个原因。

"因为便宜。"——的确如此。

"因为是我推销的。"——太棒了!我相信你一定是一个非常优秀的销售人员,因为这句话意味着你已经从客户那里获取了足够的信任。

但是,这些都不是让客户购买产品的根本原因。正确答案是:

因为有需求。客户有需求时才会下订单。

肯定会有人反驳："这我当然知道了,别故弄玄虚地说一些理所当然的话。"可是你真的明白这其中的道理吗?

实际上,许多销售人员的推销方式大致是这样的。

"这款产品引进了新的功能,非常好用。"

"可以给您打个折,现在还有赠品附送,特别划算。"

"我推荐的准没错,这款产品非常优秀。"

上面的做法,都是想通过说服客户来获取订单。而这些做法,都忽视了我们的主角——客户,错误地把重点放到了产品和自己身上。

要知道,我们的主角从头到尾都是客户,客户有需求才会购买产品。之所以这样说,是因为**购买产品可以帮助他们解决问题或满足需求**。

说到底,产品就是为客户解决问题的"办法"。

为什么"销售一开口,客户赶紧走"

我所提出的提问销售法就是以上述观点为出发点的。销售卖的不是产品,是"解决方案"。因此,我们必须了解客户的困惑和需求是什么。

这时我们就要向客户进行"提问"了。通过提问了解客户的需求,和他们一起找出解决办法,适时向他们提议:"或许我们的这款产品能够解决您的问题。"这就是我的销售思路。

产品是"解决问题的手段"。

然而,销售们的普遍做法却是把产品拿出来就对客户进行一番轰炸式"产品介绍"。客户到底想要什么,似乎与他们无关,他们想说什么就说什么。

这样一来,客户也只好含糊其词地回应着逃离现场。因为他们知道,如果表现出感兴趣的样子,就不得不把东西买下来。

即使他们真的觉得东西不错,也会敷衍着说"下次吧",然后不了了之。这是因为他们的内心还没有受到触动。

从前的日本发展落后，物资、信息都很匮乏，人们不知道商贩售卖的是什么，买东西时必须要听商人做介绍。所以那个时候的客户都是先听介绍，再买东西的。

那是一个"好东西一定能卖出去"的时代。但是时过境迁，现在我们已经进入了无论是物资还是信息都很充裕的时代。

只要跟随时代改变销售策略，现状一定会得到扭转，产品一定能够卖得出去。

90%的潜在客户,需要被提问

在此我要告诉大家非常重要的一点:客户并没有意识到自己想要什么。更进一步地说,客户从来没有意识到自己的困惑和需求是什么。即使他们会有烦恼或觉得不便的时候,但大多数人都没察觉到问题的存在,也不知道自己需要什么。

大多数客户都属于潜在客户。当然,也有少部分客户知道自己的烦恼和需求是什么。按比例来说,上述的潜在客户占9成,准客户只占1成。

现在很多销售对潜在客户采取的做法都是"死缠烂打",但这样注定会让客户退避三舍。结果就是产品卖不出去,销售开始怀疑人生。

销售也是有血有肉的人,被拒绝肯定会受伤。越是认真工作、热爱自己公司产品的销售,越容易对此感到难过。在经历无数次拒绝之后,他们就越来越否定自己了。

我也有过同样的经历,深深明白这种痛楚。但是要注意,**客户否定的不是我们自己,而是销售方法**。所以不必过于悲观。

只要一改接待客户的态度和销售方法,谁都可以达成惊人的业绩,让工作变得愉快起来。

而且我的这种工作方法不会带来压力,相反,它能让我们实现个人生活和工作之间的平衡,保持愉快的心情。这样一来,我们就能专注于工作,销售额的提升也是水到渠成的事了。

销售就是要越提问,才能越专注

当我发现这个"销售的本质"时,我已经42岁了。

当时我看了一本书,名为《三个月让公司赢利的方法》(《あなたの会社が90日で儲かる!》,神田昌典著),里面写了这么一段话:"不要准备一连串说辞,只要把涵盖产品的所有信息资料交给客户就够了,如果对方感兴趣会主动联系你的。"

说实话,当时看到这句话我想的是:这种做法也太没有人情味了。因为在那之前,我的做法一直是先给客户打电话介绍产品,再约时间见面详谈的。但是因为我的做法不太奏效,所以觉得这段话还是有一点道理的。于是我试着做了一沓厚厚的产品资料,发给了某个公司的老板。当时我推销的产品是企业员工的培训课程,资料里涵盖了从课程内容到价格的所有详细信息。

过了一段时间,我打电话问对方是否看了我的资料,对方说没有。后来我又打了三次电话,对方终于回复说看了我的资料,我马上顺势邀请他见面，对方答应得很爽快。当时我真是开心得不得了。

但是回头我又想：如果对方把我的产品资料都看完了，那我们会面时应该说什么呢？不可能见面就直接问对方买哪个产品吧？

既然已经约定见面，总之先试试跟对方聊天吧，这也是为了争取时间。一个小时的会面时间，总不能干巴巴地坐着吧？于是我试探性地询问对方："您当初为什么要创立这家公司？"

出人意料的是，这位公司老板给了我很有意义的回答。不知不觉我们越聊越投入，我很自然地向对方抛出了一连串的提问：

"那是怎么回事呢？"

"真是太不容易了，后来是怎么渡过难关的呢？"

"那时候您的家人有什么表示吗？"

……

交谈间，我对他的人生经历越来越感兴趣，打心底里对他感到佩服。

对方也热情地谈起了自己的事情和工作上的想法，感慨地追述起过去的点点滴滴。

通过提问，30分钟改变我的销售生涯

对我来说，那是一次与以往截然不同的体验。

在那之前，我总是只考虑如何把东西卖出去。做销售的时间长了，越发急功近利。在业绩不达标、客户总是无动于衷的情况下，急着想要说服对方购买产品。

而这次，当我听着对方滔滔不绝地讲述自己的人生和创业经历时，我不由得对对方产生了敬意，并发自内心地想要助他一臂之力。聊着聊着，我顺势问道："您打算如何培训员工？"

听到老板的回答后，我发现他们的企业员工培训缺少某些板块，而我正好有相关的课程出售，我想这就是我可以帮得上他的地方了。

"这么一说，我想我司的产品可以为您分忧。"紧接着，我又向对方抛出了两三个问题，期间我越发肯定了我自己的想法——我一定能够满足他的需求。

于是我果断进言："您的想法是很好。我司有一款高质量产品

非常符合您的期望,您看是否需要了解一下?"

对方回道:"行,那就试试吧。"然而对方的下一句话却让我颇为震惊。

"对了,你是卖什么的?"

"呃……您不是看过资料了吗?"

"我没看。"

当时我惊讶得差点从椅子上摔下来。也就是说,眼前的客户明明对我一无所知,仍答应要买我的产品吗?

我打开产品目录,把推荐的课程指给他看:"请看看这款产品,一定能满足您的需要。"说完,对方认真地研究了起来。

这位老板看完后缓缓抬起头来看向我。我向他点了点头,他也心领神会地点点头,说:"这个不错。"

得到最终回复的我,感动得快要落泪。

最后,我当场拿下了一份 80 万日元[①]的教材订单。要知道,这是我们第一次会面。震惊之余,我感觉一切都迎刃而解了。

原来这才是销售的本质!

在那之前我经常听到一句话:销售这份工作,与其说是给客户推销产品,不如说是启发客户购买产品。我一直对此百思不得

---

① 1 日元约为 0.06377 人民币,80 万日元约为 5.1 万人民币。

其解。经历了这件事后,我终于茅塞顿开。在销售工作的第一线摸爬滚打了20多年也没能得出答案的我,在这一瞬间内心受到了很强烈的冲击。

我在返程的路上走着走着,不禁热泪盈眶。从那时开始,我身边的一切都发生了180度的转变。

提问销售法，助你成为一流销售

用了我指导的销售方法的人，快则第二天，慢则一个月左右就能见效，三个月左右开始收获成果。有人将其付诸实践之后，称之为"奇迹"。但我不这么认为。从结果上来看它确实能扭转乾坤，让销售额大涨，但实际上这都是必然的。

遗憾的是，没有任何一本书向我们揭示过这一"销售的本质"。我阅读过很多销售相关的书籍，却总是找不到我想要的答案。

偶尔我也会在工作遇上阻碍的时候戏剧般地扭转局面，但直到后来我从事销售指导工作，养成了验证、分析和提出假设的习惯，才侥幸抓住了成为"理想销售"的关键。

接下来，我将不遗余力地为大家介绍这个我历经曲折才摸索出来的销售方法。我相信各位在亲身实践后，一定能够在受到客户青睐的同时，成了一流的销售。

第一章

销售的本质：用提问挖掘客户需求

- 用提问激发销售意识，成为专业顾问
- 用提问抓住"单纯动机"，洞察客户心理
- 用提问掌握信息，才能后发制人
- 用提问判断客户意愿，激发客户猜拳
- 用提问放松交谈，王牌销售都会巧妙提问

用提问产生交流，顺利展开合作

上一章我们提到，销售的工作不是卖产品给客户，而是让客户购买解决烦恼和需求的方案。也就是说，产品是解决问题的手段。

要了解客户的烦恼和需求，我们就必须与他们交流。在交流中引导客户提供相关信息的方法，就是向客户提问了。

如果直接和对方说"我想了解您的想法"，想必很难得到回应。而通过提问的方式，例如："请问您对那件事考虑得怎么样了？"对方就会顺势作答了。

要明白，**提问是与客户对话、深入交流的手段。**

客户的烦恼和他潜在的需求是可以通过提问引导出来的。只要试着提问，口才不好的销售人员也可以做到与客户侃侃而谈。

序言里，我为大家讲述了我发现理想销售法的经历，而该方法正是通过提问领悟出来的。当然了，提问也要讲究"方式方法"，不能什么都问。

虽然这个方法是我偶然发现的,但我在不断地分析、实践中对其进行了验证。我在指导别人用这个方法的同时,自身也获益匪浅。至于具体的"方式方法",我将在第四章详细说明。

在本章中,我会对我的销售方法进行彻底的揭秘。

- 为什么客户的购买欲会在聊天中越来越强?
- 为什么销售额的提升是水到渠成的事?
- 为什么客户购买产品后会报以感谢,并成为忠诚顾主?
- 为什么做销售的干劲上来了,工作也开心了?

往下看,答案马上揭晓。

用提问激发销售意识，成为专业顾问

首先我要强调，销售必须抱有"思想觉悟"。不理解这一点是很难做好销售的，可以说这是"销售的命脉"。

"思想觉悟"体现在一点，即**抱着"为客户解决问题"的意识去面对客户**。为此，销售要明白自己不是售货员，而是"**专业顾问**"。无论产品多么出众、性价比多么高，客户没有需求是不会购买的。

你是否真的理解了这一点呢？

你是否直接问过客户"产品是否符合您的需求"？

我想大部分人都没有像这样明确地提问过，取而代之的是"这个产品很优秀"之类的推销话术。一旦被拒绝，就会单方面判断客户对产品没有需求。

以我的经验来看，9成客户是不清楚自己想要什么的，他们处于还没察觉需求的阶段。正因为他们从来没考虑过是否需要某一产品,所以在被推销产品的时候就会下意识地拒绝。

之所以常常被这样拒绝,是因为销售把自己当成了"售货员"。这种情况下,客户会警觉地认为一旦听对方继续讲下去就不得不买了,于是赶在销售说话前就干脆地拒绝掉。

但是抱着"为客户解决问题"的意识去工作的销售,是不会以己度人地强行推销产品的,因此客户也会放下戒心好好交流。而且客户认为,**以专业顾问的角度与自己交谈的销售是为自己提供合理化建议的**。也就是说,只要有"为客户解决问题"和"做专业顾问"的觉悟,就能吸引客户。

也许你会觉得没有这么简单,但的确有实例可以佐证我的观点,而且这些实例的成效令我也感到非常惊讶。

用提问抓住"单纯动机",洞察客户心理

想必大家都知道仿制药品。仿制药品是一种价格很便宜的药,但药效与新药是一样的。新药专利过期后,仿制药品就会以很低廉的价格出售。

实际上,仿制药品的市场份额竞争程度是出了名的激烈。由于上市时间较新药滞后,医院和药房已经有同种功效的药品出售,仿制药品想要在这时争取市场的一席之地是非常不容易的事情。

销售每天都要到医院和药房推销药品,偶尔还得以极为低廉的价格央求对方购买,各种优惠手段更是必不可少。即便如此,我的学员中仍然有人能够在仿制药品市场里拿下全日本第一的销售额。要知道,他的销售范围不过是一个只有23万人口的小城市——青森县八户市。

这位销售在我的指导下,向医生提了两个问题:

"话说回来,您为什么会选择这份工作呢?"

"您为什么会在这里开药房？"

对方回答说："因为想要帮助生病的人，为这片土地做点贡献。"

"原来如此，这样的想法真让人敬佩。感谢您的分享，让我很受用。"他很坦诚地表达了自己的感动。

"我们有一款药十分符合您的需求。"

对方稍做思考，说："那你拿给我看看吧。"

销售听了，十分惊讶。以往他用尽各种手段，竭力向医生推销药品都难以得到回应，那天只是站着闲聊了一会儿，对方就答应了。

这令人难以置信。后来他又用类似的方法接近客户，果不其然都得到了回应。每一次都不过是闲聊了5~10分钟而已。于是，他以这种方式拿下了全日本第一的销售额。

每当他对医生说"我们又拿到了非常符合您需求的另一款药"时，对方都一一答应了。

听了他的经历我也很惊讶。也许是那位医生从没有遇到过如此认真听他说话，又如此真诚赞美他的销售吧。销售的提问让他回想起了几乎忘记的事情，想必也让他感到欣喜吧。

我把客户的这种心理称为"**单纯动机**"，也就是在回答中把内心纯粹的想法表达出来。一来二去，客户就会向销售敞开心怀，最后接受提议。

我一共指导过该公司的三名销售人员，其余两位也取得了不错的成绩，最近分别为公司拿下了全日本第一的销售额。当他们带着好消息来找我时，我再次领会到了这份工作的乐趣。

用提问关注需求，提高销售敏锐度

上面我提到的那名销售并没有什么特别的才能，可以说是茫茫销售大军中的普通一员。然而，他却拿下了全日本第一的销售额。这是因为他的"方法"恰到好处。

换言之，只要掌握了方法、走对了程序，谁都可以像他一样成为第一。

销售领域人才济济，多得是无论我多努力都赶超不上的销售精英。我随时都能念出他们的名字，比如桑原正守、佐藤康行、石原明等等。他们也把自己的方法和体会写进了书里，有兴趣的朋友可以找来读一读。他们的共同点是都拥有万人迷般的人格魅力，我想这种魅力是能够有意识地培养出来的，也许他们从小就是敢于不断挑战自我的人吧。

即使我们不能成为他们那样的销售巨星，也是可以提高销售额的。以前屡屡碰壁的我都能做到，你也一定可以。

说起来有点难为情，从小我的性格就很扭扭捏捏，做起事来畏首畏尾的。工作后，我在寿司店打工也好，在外资培训机构工作也好，老板对我的评价一致如此。

"你什么时候才能突破自我呢？"
"虽然业绩还行，但不见突破啊。"

连我自己也是这么认为的。

但我仍然喜欢做销售，因为这份工作给了我重塑自己的机会。为了克服内心的自卑感，我拼命学习销售理论，付诸实践，分析总结。最终，我发现了令人惊讶的"销售的本质"，并根据自己的经验摸索出了一套任何人都适用的方法。

虽然我也不是什么销售巨星，但把这个"真相"运用到现实中后，我也算得上是销售明星了。除了我之外，我指导的不少学员也成了销售明星。

销售前线不乏许多能够与客户交好、业绩出色的销售人员，他们总是能够笑容满面地接待客户，高效地拿下合同。而另一类销售，虽然啰里啰唆，乍看上去其貌不扬，但同样是非常优秀的销售人员。

有位销售在领略过他们的工作风采后对我说："我做不好销售，原来是因为没有像他们那样的敏锐度。"身边的竞争对手都取得好成绩时，业绩不佳的销售就会觉得自己没有销售员应有的敏锐度。

但是销售员的敏锐度到底是什么？一言蔽之：**关注客户需求的能力**。

我认为这就是销售员的敏锐度，它与才华无关。

当然，销售员必须了解、热爱自己公司的产品。但签单与否，还是要看能否和客户建立好合作关系。而其中的关键就在于是否"关注"客户。

如果不"关注"客户，那么也就不会产生"为客户解决问题"的想法，更不会以专业顾问的角度帮助客户解决问题。

如果从一开始就没打算了解客户的想法，即使把产品卖了出去，也不过是"一时"的运气，销售额是很难得到提升的。

真正关注客户的销售员，会向客户提出很多问题，达到有来有往的沟通效果。最后，他们不仅把销售额提上去了，还得到了客户的肯定，这的确让人感到不可思议。

用提问引出对话，有效进行商务沟通

商务沟通可以说和餐饮店的接待工作是一样的。

一般他们是怎么接待客人的呢？

"欢迎光临。这是我们的招牌菜，您可以看一下。"

而真正关注客户的店员是这么做的：

"欢迎光临。今天是和家人一起用餐吗？请问各位偏好什么口味的菜呢？这样的话，我想我们的这道菜也许适合各位的口味，可以尝尝看。"

只需要一点互动，气氛就变得柔和多了。

如果口味合适，客人中途还会要求店员继续推荐菜品。这样一来，营业额也增加了。

最后送客的态度也重要。

一般的店员是这么说的：

"感谢您的惠顾，再见。"

虽说并没什么不妥，但稍微改变一下措辞会更好：

"感谢您的惠顾，今天的菜如何？"

客人回答："非常好吃，尤其是那道菜，实在太美味了。你的服务态度也很好，我们会再来的。"

回头客就是这么来的。你觉得呢？

也就是说，只要从一开始就关注客户，巧妙地向对方抛出问题，之后的交流就会大有不同。归根结底，这并不是什么有无敏锐度的问题。

用提问掌握信息，才能后发制人

我在培训的时候突然向学员提出了这么一个请求：

"和我玩猜拳游戏吧。"

"石头、剪子、布！"

我出拳稍慢了一点，结果我赢了。我问他们："大家看明白了吗？"在场的人都摸不着头脑，不知道我想说什么。

"最后出拳的我是一定会赢的。销售也一样，这是一个后发制人的游戏。"

明明只要后发制人就能赢，但大多数销售员却没有这么做，所以他们输了。

到底什么是后发制人呢？我再具体说说吧。

假如你去买笔记本电脑，去之前你是否已经明确自己要买什么牌子、什么型号的产品？

当然这个时代只要上网就能搜索到相关的信息，所以有人会先调查再做选择。但是信息量太大了，大部分人都无法确定自己想要什么。

"欢迎光临，您想要购买笔记本电脑是吗？"
"是啊，我之前在网上看了一下。"

这样一听，销售员会想："这个客户应该有些了解。"但是，也许客户只是浏览了一下信息，对产品本身并不了解呢？

因此，首先必须向客户打听他到底了解多少。如果把对产品信息的了解程度设定为10个阶段，那么客户的了解到底是处于第10阶段、第8阶段，还是第6阶段呢？销售方法要根据客户的了解程度而改变。

但是，如果连这些都不清楚就直接上阵，意味着你在猜拳开始之前就输了。

做销售重要的是要先做好与客户猜拳的准备，让客户放下戒备安心出拳。在这之前，我们必须向客户询问清楚他们了解信息的多少。

像这样简单询问就行了：

"欢迎光临，请问您需要什么呢？"
"我想买笔记本电脑。"

"明白了,感谢您远道而来选择本店。"

通过表达对客户登门的感谢,拉近与客户的距离。这时营造出进行猜拳游戏的氛围,客户就会放下戒心与销售员对话。紧接着,继续问客户:

"您打算用笔记本电脑做什么呢?"

比起"您想找哪种类型的笔记本电脑呢",这样询问可以先确定对方的目的。

我在序章里也提到,销售员卖的不是产品,而是解决问题的方案。所以,一定要向客户打听清楚现状,深入了解更详细的信息。

"您经常使用笔记本吗?"
"您常用笔记本做什么呢?"
"您之前使用的是哪款笔记本呢?"
"你觉得之前的笔记本用得还行吗?"
"您希望新的笔记本具备什么样的功能?"
……

说白了,也就是让客户先出拳。收集了足够的信息后,就可以后发制人出拳了。

"那么我推荐您购买这个型号的产品,您看看如何?"

这就是我说的后发制人的游戏。

用提问判断客户意愿，激发客户猜拳

我再举一个售车的例子吧。

客户在店里看样车的时候，店员走了过来。

一般情况下，店员都会这样开口：

"这款是全新车型，安全性能好，耗油量也很低。"

但真正的流程应该是这样：

"感谢您今天光临本店，请问有什么需要帮忙的吗？这款是全新车型，安全性能好，耗油量也很低。"

如果不先打听清楚客户看车的目的和想看的车型，直接向对方介绍偶然看到的一款车的性能，是有点让人摸不着头脑的。

恐怕大多数销售员这么做是想要引起客户的兴趣而留住客户吧。但这样一来，相当于销售员先出拳了，这会让局面变得很被动。

"不了，今天只是来看看。"

于是，销售只能以"好的，您慢慢看"来结束对话。

而能够从容地后发制人的销售是这么做的：

"不了，今天只是来看看。"

"很高兴您选择本店。看来您也是在考虑购车，是吗？"

"也不是考虑购车，只是想了解一下最近都有哪些新的车型。"

"原来如此，目前您的爱车车龄是多少呢？5年吗？那您打算过多久换车呢？"

"……3年左右吧。"

"这样也不错。您对现在的车还满意吗？"

"还行吧。"

"如果满意度是100%的话，您会打多少分呢？70%啊，也就是说，如果有好的备选也会考虑换车，是吗？"

"也许吧。"

"明白了，您可以再多看看我们的样车。另外想了解一下，您现在开的车有哪些地方是不太满意的吗？"

"嗯……现在的车吧，这个地方不行，换车的话想要这方面性能好点的。"

这样一来，就可以在询问中一步步地摸清客户的情况，并且让客户察觉自己想要解决的烦恼和需求是什么了。

有时候客户不一定会当场出拳，但销售可以加以引导。

话说回来，对于客户的购买意愿，我们要提前做出判断。

对方是否本来就有猜拳的意愿？如果客户从一开始就没有意愿，销售再怎么积极引导也毫无意义。所以，我们一开始就要判断客户是否有购买意愿。

如果客户没有意愿，及时放弃可以节省不少时间和精力。但是大多销售员都认为，只要坚持把产品介绍完，就能船到桥头自然直。

把"销售被拒绝5次后才是起点"当作金科玉律，坚持付出无谓的努力，其结果就是：不但销售额没有提升，还把自己弄得身心疲惫，走向被压垮的绝路。

在刚与客户接触时，最重要的就是打探出客户身上是否存在可能性。如果发现了即便只是一点点的可能，就要引导对方与自己猜拳。

"客户出剪刀，销售就出拳头"是最后一步。首先还是要引导对方加入猜拳游戏，这是非常重要的。只要客户的"需求感"

增强,他们自然就想猜拳了。

"非常感谢您今天的到来,期待再次与您相会。"
"我还会再来的。"
"那真是太感谢了。今天是看中了这款车吗?有哪些地方是您比较喜欢的呢?"
"是啊,这款哪方面都挺满意的。"
"比方说呢?"
"安全性能吧。我在网上查的时候这方面评价确实挺好的。"
"原来您之前就调查过了呀。非常感谢您对我们产品的肯定。您看要是方便的话,不妨再了解一下它的具体功能?我会为您进行非常详细的解说。在此之前您可以先试驾感受一下。"

但这还没到出拳的时候,要最大限度调动客户的兴致,让他们迫不及待地主动加入猜拳游戏。等到那时,就可以开始猜拳了。在预判对方招数后,再一招制胜。

这就是销售必胜的"后发制人"游戏。

用提问正视客户需求，让销售简单化

判断客户是否有猜拳的意愿，用销售术语来说就是"挖掘需求"。

客户没有需求，产品就卖不出去。这与销售员的能力无关，与客户需求有关。尽管如此，还是会有很多人埋怨自己没有能力，或者被公司和上司责备没有能力。

以前甚至有领导会向业绩差的销售员工扔铝制烟灰缸出气。但是再怎么发泄怨气，没有市场需求的产品就是卖不出去，这是雷打不动的事实。

还有领导会撂下狠话，说什么如果是自己去跟客户谈1分钟就能拿下订单。但即使做到了，那也是刚好有人需要而已，并不意味着领导的销售能力强。

所以我认为，销售没有必要把这份工作想得太复杂。

为了给我指导的销售学员做示范，到现在为止我仍然坚持亲自陪他们拜访客户，我想让他们明白，我之所以能够做出好的成绩，是因为我没有把这件事情看得很复杂。与客户碰头前，我会嘱咐学员好好观察我的做法。

实际上，我也被拒绝过不少次，但我的心态一直很好。

"即使我做得再多，不需要的人还是会拒绝我，这是客户决定的。我们要做的是用提问判断客户是否真的有需求，再对客户加以引导。"

这是我一贯的理念。一旦抱有"害怕失败"或"觉得丢人"的想法，就无法以良好的精神面貌与客户会面了。

如果进展顺利，在一旁学习的销售学员会赞叹我的交流技巧。确实，我有办法通过提问与客户进行有效的沟通，但我仍然认为，销售能否顺利进行最终还是取决于客户的需求。

用提问散发销售魅力,做一个懂客户的人

通常来说,一流销售员的身后都有一批忠实的顾客。那么,拥有如此多忠实顾客的销售员身上到底有什么魅力呢?

我认为,真正的一流销售员,是用1小时就能赢得客户信赖的人。

如何才能做到这一点呢?

如何才能在短时间内让客户主动购买产品呢?

答案就在我发现奇迹销售法的那段经历里。

那是我和客户公司的老板第一次见面,他的经历深深打动了我。我想,对方在向我倾诉的时候,心里可能想的是:有人能如此理解我,真好。

也许这就是我能为他做的事情了。

我几乎没怎么向对方说明我的来由,最多不过是呈上名片和寥寥数语的自我介绍罢了。

而客户可能想的是：这个销售明明跟我不熟，却这么认真倾听我说话，一定是个很优秀的人。

也就是说，客户在心里对我进行了过高的评价。

实际上，30分钟根本不足以判断一个人，但只要做到"认真倾听"这一点，就能够把客户对自己的评价上升到个人层面。

只有当我认真倾听完客户的诉说，他才会觉得我是懂他的那个人。

用提问拉近关系，让倾听产生信任

我认为，西方的销售方法和亚洲的销售方法有很大的差别。

西方人性格直爽，说一不二，所以销售也是开门见山地从产品介绍开始。听起来很突兀，但这就是标准的西式销售法。

而亚洲人呢，会先对销售人员本身做出判断和评价。可以说在亚洲做销售，一般要从待人接物开始。先不说这是好是坏，在亚洲做销售员必须要学会利用亚洲人的这一习性。

我年轻的时候在外资培训机构做过一段时间销售。公司是用西式销售法来培训员工的，因此一直跟我们强调西式销售法是最好的销售方法，但我总觉得这种方法不适用于日本。所以，当我发现提问销售法能够行得通时，心结就解开了。

如上文所述，客户在销售员身上寻求的是"倾听自己说话"的能力，所以销售员与客户之间的话题往往与产品无关，都是些家长里短或是工作上的事情。

倾听，能很快让客户对自己产生亲近之感。

一般人都会对亲朋好友说真心话，因为老朋友足够了解自己，我们才会在无意中向他们诉说秘密。其实客户与销售员之间的关系也是一样的，客户在谈天说地的同时很容易会对作为倾听者的销售员产生亲近感。

如果从家庭、家人和工作相关的话题聊起，大多数客户都会慢慢打开话匣子。放下了戒备心，或是心情好转了，客户自然越聊越起劲。要是聊到客户未曾与他人分享的事情，更能一下子拉近双方的距离。这说明客户已经把销售当作如同挚友般可以信任的人了。

如果客户不愿意回答被问及的事情，马上道歉转换话题即可。既然抱着为对方解决问题的心态接触客户，就不需要为"会不会触及客户隐私"等担忧牵绊手脚，放心提问就好了。

提问越深，客户给予自己的"人性评价"则越高，得到客户的青睐也是情理之中的事情了。

用提问放松交谈，王牌销售都会巧妙提问

我指导的销售人员遍布制造、批发、零售等多个领域，他们具体从事汽车、房地产、保险、天然气、电气、墓碑、殡葬、工业废弃物处理等行业，其中甚至还有从事工业 AI 行业的人。他们平时做的工作包括但不限于以电话销售形式开发客户、上门拜访客户以及维护现有客户。

你一定惊讶于我的学员分布领域之广。但无论处于哪个行业，在我的指导下，他们都能很快与客户搞好关系，销售额连涨不断。

实际上我在指导他们的时候都会做这么一件事情：让同一家公司的王牌销售和普通销售一起去拜访客户。一经对比，我们就知道"王牌为什么是王牌"了。

所有的王牌销售都有一个共同点——他们都很会与客户打交道。与客户交谈时，他们懂得如何及时且真诚地回应客户，以把握谈话的节奏。同时他们还会很巧妙地向客户提问，让客户能够

放松地进行交谈。

也许他们自己并没有意识到这一点,但我在对他们进行分析后,总结出了一套谁都可以做到的方法。而不能做到这一点的人,大多是因为把自己塑造成了"说服性销售"或是"硬性销售"。

以他们的实际工作情况为参考,我制订了一套提问式谈话模式,并让活跃在一线的王牌销售给出修改意见,不断完善。

在指导期间,我会事先跟销售学员解释清楚销售的原则是什么,待他们理解之后再让他们用这套模式进行模拟练习。

练习到一定程度后,所有人都会有跃跃欲试的冲动,无论他们的业绩是好是坏。这和体育训练是一样的道理,好的练习效果会增加选手在实战中的自信。

用提问解决问题，让客户满意成为动力

我用提问销售法指导工作后，客户对我的态度有了很大转变，越来越多的客户对我表示感谢。由于口碑变好，客户推荐而来的订单变多，我的销售额节节攀升。

明明我一直卖同一款产品，为什么现在的结果和之前的相比，如此大相径庭？

现在就算我对产品不做过多的讲解，也能顺利签下订单，同时还获得了不少客户的认可。有了回报，我的工作也越来越有动力了。

提问销售法使我的业绩跃居第一，我因此得到了公司的表彰。我们公司属于美资管理体系，所以表彰仪式是在美国当地举行的，当时甚至还有客户特地请假过来为我庆祝。

那是我第二次被表彰。第一次被表彰的时候我还是"说服性销售"，那时我站在台上领奖，内心的担忧大于喜悦——因为我

对自己的销售方法没有底气。但靠提问销售法拿下第一的时候，我的心境截然不同了。比起表彰，我更开心的是能够得到客户的肯定和信任，这让我对今后的工作充满期待。

我那时候终于明白，客户的认可对销售来说无疑是最好的奖励。

客户的一句感谢，给我带来的不只是工作上的变化。

提问销售法中的沟通技巧还适用于朋友和家人。只要询问并满足对方的需要，让对方明白自己的付出，双方的感情一定会愈加深厚。

但是，销售不是卖人情的工作。要一心一意为客户解决问题，寻找解决问题的方案，产品只是这其中的一种手段。

也许有人觉得我只是说得好听而已，但如果你真的按我的建议去工作，就一定会有意想不到的收获。

于是，客户的好评就如期而至了。这并不需要特别的努力，只要改变心态就好了。我们要做的，就是积极地向客户提问，真诚地倾听对方的声音，直至挖掘出客户的烦恼和需求。这样可以一下子拉近双方的距离。

看到这里，你不觉得销售是一份很棒的工作吗？

前些天，位于宫城县仙台的某所大学邀请我向大学一年级新生分享我的销售工作经验，作为他们的社会学习课程。但大一新生离找工作还很远，所以学生们的职业意识非常淡薄。

一开始我问他们："你们觉得销售是一份怎样的工作？"

"好像很难！"

"能不做就不做。"

"除了销售什么都好。"

学生们好像对销售这份工作都比较抗拒，回答也非常直接。但是当我课后又向他们问了同样的问题时，他们似乎转变了看法。

有学生回答："销售好像也挺厉害的。"

能听到这样的反馈，我真的非常高兴。

原本在他们看来，销售是一份很不体面的工作，需要不停向人低头哈腰，东奔西走，尤其夏天还要满头大汗地拜访客户，每天都疲惫不堪。也许他们平时见惯了这种销售形象，所以渐渐地对这份工作产生了抵触情绪吧。

但如果把销售称为专业顾问呢？是不是形象瞬间焕然一新？

美式销售法告诉我：销售是很有荣誉感的工作，与医生、律师不相上下。刚开始工作时我觉得这言过其实了，因为在现实中我根本找不到所谓的荣誉感。但现在，我打心底认同这句话。

既能愉快地倾听对方的经历，让对方敞开心扉，又能以专业顾问的角度帮助对方解决问题——我认为没有比这更让人值得骄傲的工作了。

用提问切换面貌和风格,销售改变人生

销售改变了我的人生。我想让更多人知道,也想向更多人证明:销售可以改变一个人。

想要改变自己,没有比销售更适合的职业了。

销售员要经常一个人拜访新客户。在客户对自己一无所知的情况下,销售员要经常根据客户的实际情况来转换自己的会客方式和态度。也就是说,销售员可以决定自己今天是以木村拓哉[①]的风格还是以福山雅治[②]的风格接待客户。

但这并不意味着要改变人格,说到底只是改变待人接物的方式罢了。每个人都可以做到这一点。这样一来,客户对我们的态度也会发生改变。

---

①木村拓哉,日本人气演员、歌手、声优。
②福山雅治,日本人气男歌手、演员、词曲制作人、摄影师。

"客户跟我聊了很多。"

"我们会面的时间变长了。"

"客户送我走的时候笑容满面。"

这些都是显而易见的变化。从结果上来看,业绩也会发生改变。很快我们会变得自信起来,人生也由此迎来转机。

如果你现在正在为工作感到烦恼,我想我可以帮助你解决问题。我能做出改变,你也一定可以。

从下一章开始,我会为大家介绍更为具体的方法。

第二章

学会提问：规避销售的误区

- 误区 1：销售要有活力
- 建议 1：重要的是亲和力和信任感
- 误区 2：销售要有毅力
- 建议 2：首先要尽全力搞好关系
- 误区 3：坚持介绍产品，一定能让客户心悦诚服
- 建议 3：积极提问，打开客户心扉

销售前期——拉近与客户的距离

我指导一线销售已有 10 年时间了，但最初这并不是我的主业。有一次某公司的总经理委托我给他的员工进行培训，传授销售经验，这恰巧成了我转变为销售顾问的契机。

那家公司的整体业绩不佳，员工萎靡不振，总经理为此焦头烂额。他尝试派员工去大型咨询公司接受培训，或是让老员工指导新员工，但都不见成效。我想他是抱着抓住最后一根救命稻草的心态来找我的吧。

于是我开始了指导工作。

我对这些员工说："销售卖的不是产品，而是解决问题的方案。我们要以专业顾问的角度了解客户的烦恼和问题。"

他们纷纷点头以示赞同。

我向他们多次强调"重要的是要通过提问引导出客户的需求"的时候，他们都有点恍然大悟的感觉，认为自己以前没用对方法。

我也以为他们都听懂了,应该能在实践中做出改变。然而在我培训了好几节课后,公司收益仍无好转迹象,而且员工们听课时越来越没有精神,只是浮于表面罢了。

对此我感到非常焦虑,于是我决定去现场看看他们实际是怎么操作的。

"我课堂上讲的大家都明白了吧?"

"明白了!"

"那么试着用我说的方法工作吧。"

终于可以亲眼见证我的教学成果了……我满怀期待地在一旁想着。

当看到他们实际工作的样子后,我感到非常不可思议。

他们一个劲儿地对着客户点头哈腰,连话都说不好,这还怎么和客户商谈呢?

"请您看看吧。我们的产品在同类别里是最便宜的,而且我们会为客户争取最大的优惠!"

这和我在培训时说的完全不是一回事。

对于他们的做法我感到十分不解。难道这就是他们的一贯作风？他们完全是以售货员的姿态在工作，和我指导的销售方法完全相反。

震惊之余我感到羞愧难当。员工们看似理解了培训的内容，但完全没有将理论运用到实际当中，而我却没有发现这一点。

那时我终于明白，理论与实践完全是两回事。

后来我又观察了几名员工的实操情况，基本上都是半斤八两。其中即使是业绩好的销售也没能和客户好好沟通。他的做法是：单方面向客户介绍产品，轻易在价格上做出让步，对客户百依百顺，给予对方各种优惠。同时我也明白，他们都非常认真，为了公司拼尽全力推销产品和服务。这正是销售感到痛苦的原因。越是拼命推销，越是达不到内心的期望。

恐怕遇到这种情况的公司不在少数。这样一想，我心里生出一种不可名状的危机感和使命感。我想，不能再这样下去了，我一定要把他们引向正轨。

这既是为了销售，也是为了公司。

公司高层在不了解销售实际工作情况以及和客户的沟通情况之下，单方面向销售员施加压力，只会让情况变得更糟糕。最后销售员要么破罐子破摔，要么辞职。

人才就是财富。毫无疑问，公司的收益是由员工创造的。销售正是创造公司收益的核心力量，只有他们全身心投入工作，公司才能得到发展。

那么，到底要怎样才能点燃销售的激情呢？首先要舍弃以往奉之为真理的"销售常识"，然后将我指导的销售方法付诸实践。只要这样做了，每个人都能在短时间内收获成果。

接下来，我将向大家罗列一些基于我亲身经历总结出来的一些典型的认知错误。以此为鉴方可警示自我，请在阅读时针对自身或下属的实际情况进行思考吧。

误区1：销售要有活力

我和一名很年轻的销售人员一起去过工作现场。他一路精神抖擞，到了客户公司后，却做出了这么一番举动：

"各位早上好！我是××公司的山田。我们是销售建筑机械的，请问贵公司的总经理或者负责人在吗！！"他的声音响彻整层楼，我不禁感到汗颜。

坐在附近的女性面带诧异地走了过来。他向对方递交了名片后，再次大声重复了刚才那段话。

接待的女性小声回应："不巧总经理和负责人都外出了……"

"是这样啊，请问他们什么时候回来呢？"明明对方就在眼前，他却丝毫不减音量。

这位女性稍稍后退了一步，用求救的眼神巡视了一下周围，说："很抱歉，现在还不清楚他们回公司的具体时间。"

"这样啊。那请问相关主管在吗？"像是在给自己打气似的，这位年轻的销售员说话声音更洪亮了。

对方有点为难似的看了看附近某位相对年长的男性。从座位和气场上来看那位男性应该是她的上司。只见他对她摆了摆手，示意让她回答不在。

"今天主管也不在呢。"

"明白了。那么改天我再来登门拜访。打扰您了！"

说罢，他朝大门走去，我紧随其后一同离开。

建议1：重要的是亲和力和信任感

这位销售似乎明白自己被无情拒绝的原因了，显得有点沮丧。

我问他："你真的很有活力啊，一直都是这样吗？"

"是啊！对销售员来说有活力是最重要的，充满活力地拜访客户一定能够引起客户对我的兴趣。公司在培训员工时也是这么说的。"（这可真是糟糕）

我笑着对他提出了以下建议：

"你呀，有朝气是好的，体态也很端正。但是啊，即便你看起来再阳光、再有活力，在对方看来这都是无所谓的事情。毕竟销售的朝气和活力，不能给他们带来实际的利益啊。"

"哦。但是如果没有活力，对方应该也不想听我说话吧？"

他一时不理解也正常，毕竟他所学的与我所说的不太一样。但是要知道，比精神面貌更为重要的是，客户想知道销售员是否对自己有帮助。

说得更直白一点，客户感兴趣的是销售员带来的方案和产品是否能为他们带来效益或好处。也就是说，我们更需要的是亲和力。

与客户的交流当中，愉快且轻松的氛围是很重要的。亲和力也可以说是沉稳的自信，如果看起来过于张扬，会给人带来压迫感，这样很容易被拒绝。

我给他提了这些建议后，第二次拜访时亲身给他做了示范。很遗憾不能亲自演示给大家看，但我会尽可能地以文字还原场景。当时我是充当"部长"去拜访客户的。

那天在例行问候后，我沉着冷静地对着空气说："打扰了。我是××公司的青木。"说完，我站在那里一动不动，附近的员工向我走了过来。

我顺势向对方递上名片。

"你好，我是××公司的青木。请问贵公司的总经理在吗？"

"请问您有什么事情吗？"

"今天我是来拜访贵公司的。"

"请稍等。"

对方看了看名片又看了看我，走到最里面的办公室去了。我已经能想象出这位员工和总经理在里面的对话了：

"总经理，这个人来我们公司了。您认识他吗？"

"不认识啊，是什么人呢？"

随后，一名看起来像是总经理的人走了出来。

站在我后面的那位年轻销售喃喃自语："真的假的！竟然一次就成功了。"

误区2：销售要有毅力

说说我指导的另外一名销售吧，他在生产墓碑的公司工作。

他跟我说，每当他对客户说他是销售墓碑的，客户就会条件反射地问他："你是在诅咒我去死吗？"这种情况让他非常难堪。但是公司贯彻的方针是：只要坚持拜访客户，给足诚意，就一定能打动客户。

对于用这种愚笨的方式指导员工的公司，我感到十分"佩服"。毕竟，这种靠恒心消除误解，向客户传达"墓碑是对未来的投资"这种理念的公司，如今已经很少见了。

死守着公司方针、努力向客户传达公司理念的销售也同样不常见。

但是销售员的心真的是铁打的吗？尤其是现在的年轻人，应该更接受不了这种工作方式吧。也许他们公司里确实存在用这种方式做出优秀业绩的员工，所以这种方式才能成为公司整体的销售方针吧。

这样的员工，内心必定十分强大。

我对这位销售员说："这种做法的确很厉害。可是只要提个问题，就能在初次见面时接近客户了。"

"啊？老师，这肯定行不通吧。一个提问就能让客户搭理我？"

"那就试试看吧？"

于是我亲自给他做了示范。

建议2：首先要尽全力搞好关系

"你好，我们来自××公司。请问能耽误您片刻吗？"

"什么事？"

"是这样的，您知道我们公司吗？"

"不知道。"

"不知道也没关系，我们是销售墓碑的，请问您有这方面的需求吗？"

"嗯？没有需求啊。"

"之前打电话沟通时，令郎谈到了今后的计划，目前还没有提上日程吗？"

"是啊。"

"好的明白了。可以了解一下您的家庭结构吗？"

"我、妻子，还有一儿一女。但我们不需要墓碑。"

"现在考虑这事确实还很早。那您是否考虑过地点呢？比如说哪一带比较满意？"

"那还是近一点的好。"

"确实啊。"

"离家近一点扫墓也方便。"

"是的。那我这边如果有符合您要求的，再拿给您参考参考。不过希望您不要介意，我们只是想提供一些信息方便您了解罢了。非常感谢您宝贵的时间，再见。"

说完，我就离开了。

"老师真厉害啊，一下子就把客户带入了话题。我也应该可以的。"这位销售员看了我的示范后兴奋地说道。

你看，我并没有在推销墓碑，而是积极与客户沟通。

我是抱着先和对方搞好关系的目的去拜访的。交谈的过程中，我一直在想要是能为对方做点什么就好了。拜访客户，就是要告诉对方"我在为你着想"，而不是靠毅力和努力打动对方。

几天后，那位销售拿着标示了客户家附近墓地的地图再次登门拜访。客户很认真地听完了他说的话，并对他表示了感谢。

由于墓碑的特殊性，一般来说销售是无法一次性拿下订单的。

但是我们能通过沟通加深客户对品牌的印象。

"到时候也得事先购置好这些东西啊。我会再找你们商量的。"

最后他还是得到了想要的回复。

误区 3：坚持介绍产品，一定能让客户心悦诚服

如今看来有点难为情，但我还是说说我的亲身经历吧。

虽然我在上文煞有介事地说"销售不是靠毅力和努力打动对方的"，实际上从前的我就是典型的"毅力派销售"。

以前我总是觉得见了面才能把话说清楚，所以一直坚持和客户预约好时间再做产品介绍。因为这种做法的确带来了一定成果，所以我也总是鼓励下属"见了客户再说"。同时我对自己推销的产品非常有自信，所以总是不遗余力地向客户介绍产品。

我深信，只要做好产品介绍，客户一定能明白产品的优质之处。

我从来没有想过要听客户的想法，只要一想到说什么，捂住嘴巴都阻止不了我推销产品的冲动。然而，即使我说得再多，也很难打动客户。

"这样啊，听起来真不错。"对方总是这样抵抗我的热情。对于我的长篇大论，客户听倒是听了，但最终都会以这样一句话收尾："下次吧。我们这边再商量一下，有需要的话会联系你的，谢谢。"

如此一来，我就束手无策了。因为我没有向客户索取信息，只管输出自己的想法，所以找不到攻破僵局的办法。我能想到的也只是"哀求""降价""优惠"等下策，但最后我也没有选择这样做，因为我坚信自己是销售而不是售货员，我坚信自己做销售是为了帮助客户解决难题，然而我却不得不面对产品卖不出去的现实。

光靠热情和信念是做不好销售的，很长一段时间我都被这一道无形的墙挡住去路。

建议3：积极提问，打开客户心扉

至于我是如何突破这道墙壁的，我已经把经过写在序章里了。

介绍产品本身是没错的，自信而又热情地推销产品也没错。可为什么我还是吃了那么多苦头呢？

这就是顺序的问题了。

如果客户不感兴趣，再怎么推销也只会让对方感到厌烦而已。也许在盛情之下对方多少会给点面子，但他的初衷也只是"随便听听"而已，内心是不会有所触动的。

就好比弹珠机[1]，钉子板的通道还没打开的情况下，再怎么按

---

[1] 始创于日本，是一种集娱乐、博彩于一体的机器。

发射按钮，弹珠也只会被弹出去。但是，只要钉子板的通道打开了，就能把弹珠接二连三地打进去了。

也就是说，只有从一开始就抱有"倾听客户说话，打开客户的心扉"的想法，才能从真正意义上展开销售工作。客户没有打开心扉，再怎么费尽口舌也无济于事。

提问，是打开客户心扉的方法。销售可以通过提问了解并掌握客户的实际情况。所以，我们要做的就是积极提问。

销售的最终目的不是为了得到客户的认同或是与客户建立感情，而是作为所属领域的专业人士为客户提供帮助。这也是客户对销售的期望。

作为专业顾问，销售要有能为客户解决问题的自信，挖掘出客户的烦恼或需求，并提供解决方案。这才是销售的本职工作。

这样一来，客户也会产生"这个销售总是优先为我考虑"的信任感。更深一步说，他们会抛掉对销售"只会强行推销产品"的成见，认为销售可以为自己提供帮助。只有当他们对眼前的销售放下戒心，产生信任感时，才会愿意听销售说什么。之后才是产品介绍环节。

误区4：倾听就能让对方喜欢自己

有一次，我和一名销售骨干一起去拜访客户。

对方总经理亲自出来迎接我们，笑眯眯地寒暄了一番后把我们带到了会客室。这一系列的安排让人感到非常舒服。一坐下总经理就跟我们聊了起来。

"哎呀，说起来最近发生了不得了的事情。"说完，他开始滔滔不绝地聊起世界经济、名企传闻、经管会议上发生的事情，甚至还谈到了自己喜欢打高尔夫的事情和家人的事情，丝毫没有停下来的意思，而时间已经过去了1个小时。（我内心已经非常煎熬了，不知道对方到底要说到什么时候，也不知道在哪个时间点向对方提问为好）

思考中，我看了看坐在一旁的销售，他倒是很专心地在听对方说话。我已经按捺不住了，于是决定转移话题。

"那个，总经理说话真是太有意思了，我们都听入神了。话说回来，现在贵公司对××机器是怎么考虑的呢？有没有觉得哪里需要改进？"

我了解到，他们公司现在用的机器已经有点损坏了，所以对我们公司的产品很感兴趣。

这时，一旁的销售开始细致地询问对方现有机器的使用情况和使用环境，以及客户对产品的要求等，并极力告诉对方"我们的产品一定符合贵公司的需求"。

最后他和总经理约定好下次带上相应方案再进行商讨，并事先预约好了时间。我心想他不愧是销售骨干。但是作为指导顾问，我不能过度夸赞他的表现，于是我给他的反馈是这样的：

"刚才挺顺利的，做得不错。但是在我打断他之前，你打算听他说到什么时候呢？"

"因为聊得还挺开心的，所以打算听他讲完再进入正题。"

"那假如他说了5个小时，你也要听到最后吗？"

"是啊，没办法。不听不行啊。"

建议4：适时打断对方即可

我问他："你有没有听对方说得太久导致时间都被浪费的经历？然后下一次又出现同样的情况？"

"实际上这种情况出现过好几次。在约定的时间里没谈正事，最后对方都是带着歉意地让我下次再去一趟。但我觉得倾听可以获取对方的信任，所以不忍心打断。"

"你不觉得累吗？"

"说实话挺累的，今天听到一半的时候我就没办法集中注意力听下去了。虽然结果是好的，但有种被对方说教的感觉。疲倦一下子袭来，连下次去拜访的力气都被消磨了。"

"是吧。这样一来，商谈的时候也没那么有底气了。"

"是啊，确实是这样。顾虑太多也没办法好好介绍产品了。"

果然如我所料，于是我向他提供了以下建议。

"要用提问诱导对方说自己想听的话。热心倾听确实很重要，但倾听的目的是了解对方和挖掘对方内心深处的烦恼和需求，绝对不是听对方讲个没完。更别说像你这种情况了，根本就是本末倒置啊。"

对方说个没完或话题跑偏的情况下，适时打断对方就好。如果对方有长篇大论的迹象，可以像我一样适时打断对方，马上切换到重要的提问环节。

如果被客户掌控了对话主导权，一些销售员就会有所顾虑，其中不乏有人为了拿下订单而"委曲求全"。这对销售员来说是很不利的。

请记住：销售是为客户解决问题的专业顾问。只要摆正了自己的立场，既不会失手，也无须逆来顺受。

提案环节——介绍产品和服务

到这里为止我已经列举了几种认知错误了，无论哪一条都是用错了接近客户的方法。这是不少销售员都存在的问题。

为什么他们会用这些错误的方式与客户打交道呢？答案很简单，因为在他们看来，只有这样做才能接近客户。更直白地说，是因为他们抱有"销售是不被人待见的职业"的想法。

之所以会产生这样的想法，从根本上来说是因为"强行推销产品"的刻板印象已经在他们的脑海里根深蒂固了。他们也因此把这种有利于客户的销售行为视为对客户的亏欠。

为什么会抱有亏欠的心理呢？因为他们总觉得自己是在强行推销产品。

实际上，产品和服务都是在被销售和客户评估为"有用"的情况下，才能成功被推销出去，所以销售一定要抱有"我的产品和服务一定能让客户满意"的自信。换句话说，就是要有"我的工作就是为了帮助客户"的觉悟。

要让自己清楚地意识到这一点，必须做到下面这两件事：

- 对自己的产品和服务进行分析，对它的优势和特点有深层的见解。
- 掌握客户的情况后，能自信地对客户说"我能为您提供帮助"。

销售的作用是：在提问中了解了客户的烦恼或需求后，把自己的产品和服务方案提供给客户选择。

正因为知道自己是"有用的"，所以才能充满自信地接近客户。面对处处为自己着想的销售员，客户一定会慢慢敞开心扉，接受建议的。

这样才能在有利的情况下进入提案环节。

所谓的提案就是向客户介绍公司的产品和服务。也就是说，提案是非常重要的环节，销售员会告诉客户自己的产品和服务将如何为其解决烦恼，满足其需求。产品能否进一步吸引客户，全靠销售员在这一环节的表现了。

向客户介绍产品时，要将产品和服务的价值展现给客户。也就是说，要向客户说明这些产品和服务如何能够帮助他们解决烦恼、满足需求。

虽说产品介绍是否成功与产品本身有很大的关系，但在介绍之前对客户进行引导也很重要，这就是我要说的以下两个秘诀了。

- 帮助客户回想他们听产品介绍的目的。
- 明确告诉客户"听了也可以不买"。

正因为客户脑海里塞满了各种各样的烦恼和需求,我们才要帮助他们明确"听产品介绍的目的"。只有这样,他们才会认真听销售员说话。

向客户提问"为什么要听产品介绍",是让客户回想起他们现有烦恼和需求的第一步。

第二步则是告诉他们"听了也可以不买",这样客户才会安心并集中注意力听销售员讲话。如果不事先说明这一点,他们就会把注意力放在"我要是不买可怎么办呢"这种多余的担心上面了。

想让客户好好听产品介绍,主动为他们创造安心的环境是很重要的。

然而,还是会有很多销售在这一步用错了方法。接下来我将分享几个典型的案例。

误区5:客户就是上帝

日本昭和时代[①]的某位大歌唱家的名言"客户就是上帝"可谓

---

① 日本裕仁天皇在位时使用的年号(1926年12月25日—1989年1月7日)。

家喻户晓。也许是受到了这句话的影响吧，销售行业里有人将其奉为真理，把对话主导权彻底让给了客户。

我也陪同过这类销售员拜访客户。

那天，我们拿着报价去和客户商谈，目的是向客户展示产品的优势，让客户认识到产品对他们的价值。这是见证销售人员手腕的高光时刻，按理来说当天他应该处于极佳状态。但这位销售一开始就表现得很卑微。

"不好意思，百忙之中打扰您了。我们只需要占用您几分钟的时间，可以吗？"

"我们会用尽可能简洁的语言进行介绍，可以吗？"

"很抱歉报价可能偏高，但可以请您多考虑考虑吗？"

这到底怎么回事？之前的努力岂不是白费了？我在一旁默默地听着，悲从中来。

客户掌握了对话主导权自然就变得强硬起来了。

"我们这边有点忙，尽可能快点吧。"

"尽量简短一点吧，这样我们也好安排下面的事。"

"如果你能给出更大的折扣，也不是不能考虑。"

可见客户有多盛气凌人。明明方案是对客户有利的，为什么还要这样放低姿态呢？这就是典型的被"客户就是上帝"误导的表现。

提案环节原本是展现自身价值的关键时刻，销售应该掌握好对话主导权，大方地向客户表达自己的想法。

于是我打岔说：

"感谢您在百忙之中抽出时间与我们会面。先前了解到您这边的情况后，我们确信自己能够为您解决问题，于是为您制订了一套报价。下面我们会向您详细说明报价的内容，请您过目。"

"哎呀，那太好了。"总经理回道，并吩咐一旁的员工为我们倒茶。

建议5：利用提问，学会谈判

假设你是客户，如果你碰上一件有利可图的事情，你会轻易错过吗？一般人都会仔细听完，认真加以考虑吧？

道理大家都懂，可这位销售员却想要"简单了事"。这样的行为等同于自降身价。这样一来，产品再好也不过是"无价之宝"。所以客户才会还没等销售员介绍产品就说："如果优惠力度大，我们就考虑一下。"

我向这位销售提议：在制订重要的报价文件时，可以事先在电话里和客户约定好时间。具体我是这么操作的。

"总经理您好，我们的报价出来了，还请您多多考虑我们的产品。之后我们想占用您1小时的时间商量一下细节，不知您是否方便？明天下午1点左右可以吗？"

只要预约好了时间，心里做足了准备，就能够和客户好好商谈了。同时客户那边也会做好认真听销售介绍产品的准备。这样一来，销售就可以从容不迫地对产品的性能和优点进行说明，这时候报价反倒不是优先的了。

价格是产品和服务价值的体现，也是对客户有利程度的指标。提出方案和报价，是让客户判断产品和服务是否对他们有利、是否与价格相匹配的重要一步，所以我们绝对不能草草了事。

我也说过好几次了，销售的使命不是推销产品，而是为客户提供解决问题的方案。提案环节才是销售崭露锋芒的关键时刻。

误区6：直接递交产品手册

我在汽车4S店里培训销售人员的时候，发生了一件有趣的事情。

当时有一位客人正对某个车型看得入神。销售员向他走了过去，我也跟随其后观察情况。

"很高兴为您服务，这款是全新升级的车型。"

"是这样啊。可以让我看看产品手册吗？"

客人说着就要打发销售员去拿产品手册。

"好的。请您稍等一下。"销售员竟然也听之任之去找产品手册了。（这是在干什么呢？应该先把客人稳住再说啊。）

"久等了。这是我们的产品手册。如果合适还请您多多考虑。"销售把手册递给客户后就傻站在一旁了。

客人回了一句："谢谢啊，有机会再联系。"销售员便转身就要走。（等等，这个时候不留住客人更待何时？）

这时我马上走到客人跟前。

建议6：提问后，再递交产品手册

"您好。稍微打扰您片刻，我们想多了解一下您的情况，这边请。"请他坐下后我就开始进行提问。

"您今天是来看车吗？"

"算是吧。"

接下来我向对方询问了"您现在开的是哪款车呢?""驾乘体验如何?""那么您现在是否有考虑换车呢?"等一连串问题。

当然,提问的同时还要积极地回应对方,比如:"您现在开的这款车也挺不错的,想必您平日保养得很好吧?"再继续展开话题。

"话说回来,为什么您对这款车有兴趣呢?"

"外观很好看,而且是全新型号,安全性能有保障。油耗也没那么高,车身线条也很有美感。"听起来对方似乎做过不少调查。

"您觉得这款车哪个颜色比较好看呢?"

"感觉还是蓝色吧。"

"蓝色跟什么场景都很搭。您平日主要在市内开车是吗?"

"市内出行和长途出行都会开车。"

"这样的话,我还是推荐您先试驾体验一下。您觉得如何?"

"可以试驾吗?我暂时还不打算买。"

"完全可以。买不买都没关系,我们也是推荐客人多去试驾感受一下。"于是我们约好了时间。

"届时等候您的到来。"这时客人放下产品手册准备离开。

"客人,您的产品手册还需要吗?"

"啊,差点忘了拿了。下次我会来试驾的。"

这样一来，我们就会发现客户想要的并不是产品手册，而是试驾体验。随着对话的深入，客人的购买意愿也逐渐变强。

售车的情况下，可以说试驾就是最好的产品介绍了。从结果上来看，客人答应了下次来试驾，相当于是给了我们一个签单的机会。

签单时刻——让客户下定决心

签单前一刻是让客户下定决心的关键时刻，不容许销售有丝毫的松懈。

客户在做决定时是摇摆不定的。他们会想：真的要签吗？不，说不定还有更好的呢？

这时销售员一定要学会读懂客户的心思。

想要读懂客户的心思，就要冷静地面对客户，在提问中引导客户给出明确的答复，确认客户的意思。

如果销售员被自己急于求成的心态操控，做出了强行让客户签单的行动，最后也只会让对方敬而远之。因为销售员的这种态度相当于是向客户暴露了利己的想法。

就算真的签了合同，强扭的瓜是不甜的。谨记，如果将来因此跟客户发生纠纷或公司口碑变差，是得不偿失的。

误区 7：一步到位

销售最后要做的就是让客户签单——也就是让客户下定决心购买产品。

在最后一步出现失误，不仅拿不到订单，还会因前功尽弃而受到重创。所以很多人都想一步到位拿下订单，但实际上这种急于求成的心态正是导致很多人在最后一步失败的原因。

请看本章最后的一个案例。

那是我和一个销售老手一起外出拜访客户的事了。

他和客户交涉得非常顺利，只差签单之前的最后一步了。在我看来他是十拿九稳的，但客户——也就是对方公司的总经理在最后是这么对他说的。

"原来如此。你们的产品的确很优秀，但我还想再考虑一下，可以给我一点时间吗？"

这位销售员原本以为签单是"板上钉钉"的事了，结果对方这么一说，让他感到有点不解，于是他这么回应。

"明白了。但您说的想要再考虑考虑……指的是什么呢？"

对于他的反应我一点都不惊讶，因为我很可能也说过类似的话。但是接下来他的表现就要扣分了。

"我得和财务商量商量。我个人呢,也想再认真考虑一下。"

"明白了。可是您再次考虑之后真的能得出结论吗?"(等等,说话前先"过过脑子"啊。)

"放心吧,有结果了我会联系你的。"

"您看,现在方便给我一个答复吗?"(啊!这么心急可不行啊!)

果不其然,客户瞬间脸色铁青:"你这是什么意思!"

"抱歉刚才唐突了,因为我们必须提前准备签合同的材料⋯⋯"

虽然销售员只是措辞不当,但这已经足够引起客户不满了。

我赶紧开口补救:"十分抱歉,言语上有不妥之处还请您海涵。您听了我们的产品介绍感觉如何呢?"

"还可以。"

"非常感谢您的认可,也就是说您会往积极的方面考虑对吗?"

"是啊。"

"那真是太感谢了。那剩下的就是安排预算和商量细节了,对吗?"

"没错,我是这么想的。"

"那我们明白了。非常感谢您的厚爱。我们希望能够尽快得到您的答复,您看三天后我们再打电话向您确认可以吗?我们只需要了解一下情况就可以了。"

"好,我在那之前先跟财务做好确认。"

总算是扭转了一时的紧张局面,确认了客户有签单的打算。我们都舒了一口气,离开了客户公司。

建议7:确认客户意愿,要从容应对

离开客户公司后,我问他:"为什么刚才要向客户施加压力呢?"

他回答:"客户所谓的'考虑'其实是婉拒的意思,这是他们一贯的措辞。当场引导商谈走向签单是提高成功率的诀窍,公司也是这么跟我们说的。"

我给了他以下建议。

"考虑"的确是拖延时间的借口,但也分两种情况:

- 客户需要再次确认资金问题的情况。
- 客户确实想要中止商谈的情况。

销售必须根据客户的反映做出正确判断。因此,销售要以提问的方式诱导客户说出真心话。

一般这个时候的销售都会很焦虑,觉得好不容易都走到这一步了,万一真让客户跑了岂不是前功尽弃?我很理解这种心情,但也不能表现出来,否则很容易让事情以失败告终。

一定要从容面对,一步步确认对方的意思。这时候,下面一句话就显得非常重要了:

"感谢您听我们说了这么多。对此您有什么看法吗?"

为什么说这句话重要呢?因为它可以引导客户思考内心的"本质需求",让客户最终明确自己"想要或不想要""买或不买"的意愿。

第三章

提问销售法：销售的制胜秘诀

- 激发客户购买欲，是提问的内在逻辑
- 提问销售法的两大目的，快速拉近关系
- 坚持提问两大原则，赋予其"神韵"
- 掌握行动规律，遵循提问的行动步骤
- 三个关键词，构建提问销售法的运作模式

激发客户购买欲，是提问的内在逻辑

32年前，29岁的我进入了纯佣金制的销售世界。当时我经营的是美资培训机构的课程方案，主要负责与企业家或企业相关负责人预约时间、推销课程。

当时我一直在寻找"销售的秘诀"——让销售在瞬间成功的"奇迹般的方法"。

当时的我热衷于推销产品，总是不遗余力地向客户介绍产品的优点。幸运的是我用这种方式也取得了一定的成绩。但我总是心里没底，仿佛每天都游走在没有灯光的隧道里。

我真的帮助客户解决烦恼和需求了吗？客户是真的发自内心地高兴吗？我对此完全没有把握。后来，某次拜访客户时发生的事情，改变了我的销售人生。

为什么产品卖不出去？为什么客户并没有感到开心呢？

那时我终于找到原因。至于发生了什么，我在序章里已经和大家分享过了。从那以后，我的身心仿佛从咒语中得到了解放，整个人如释重负。

以往心酸苦累的工作变得愉快而又让人心动；努力和毅力造就了以前的我，快乐造就了现在的我；客户也不再是上帝，而是变成了朋友般的存在。

我所寻找的"奇迹般的方法"实际上就掌握在自己手中。我想，这个方法一定能够改变销售人员的世界。所以，我必须把这套方法编写成让每个人都能受用的"秘籍"！

于是就有了这本书。

到现在为止，我已经用将尽 100 页的篇幅向大家介绍了我是如何打破被世间奉之为真理的"销售常识"的。我把自己的这套方法命名为"提问销售法"，我想大家已经明白它与从前的"说服性销售"是完全不一样的。

下面我会向大家介绍提问销售法的具体理论和方法。

我很早就听说过一句话："销售要做的不是推销产品，而是让客户主动购买产品。"为了验证这句话，我一直致力于让客户购买产品带来的"价值"，而不是产品本身。但真正实践后我就成了典型的"说服性销售"，抓住产品的优点说个不停。

其实"说服性销售"是可以在某种程度上提高客户的购买意愿的。如果客户的购买意愿满分为 10 分，这种模式最多可以达到 7~8 分，而剩下的 2~3 分是无法做到的。

对于剩下的 3 分，我一般会以售后服务为筹码进行补救，推动客户下决心签单。但说到底，我只不过是成功把东西"推销"出去了而已，并没有做到让客户"主动购买"我的产品。如果客户在听了我的一番推销后说"好吧，既然你都说到这份上了，那我就买吧。"这种情况就更谈不上是客户的主动购买行为了。

只有当客户自然地表露出"我想要"的意愿时，才不算是"说服性销售"。

为什么"说服性销售"不能让客户100%心甘情愿购买产品呢？
因为客户一直处于被动的状态。

为什么客户一直处于被动状态？
因为客户没有主动思考。

为什么客户不主动思考呢？
因为客户没有购买欲。

那么，如何才能激发客户的购买欲呢？
答案就是：用提问引导客户思考购买产品的必要性。
这就是提问销售法的精华所在了。

建立关系，提问从"为客户分忧"开始

你是否有非常亲密的朋友？他们是什么样的人？可能很多人会回答：可以无话不谈的人。

为什么和他们之间可以无话不谈呢？因为互相了解对方的过去、现在和未来；因为彼此都很了解对方，所以才能互相袒露心声。

那么我再问一个问题：如果挚友遇到了难题，你会怎么办？大多数人会回答"伸出援手""一起想办法解决"。

挚友遇到了困难，我们都会站在对方的立场听他们倾诉，为他们提供建议。这时你心里是怎么想的呢？

想必大家抱有的都是"想要尽一份力""想要陪他渡过难关""想要为他分忧"等纯粹的想法吧。

因为你的想法是发自内心的，挚友也会虚心听取你的意见。

如果销售员可以和客户结成像挚友一般的关系，会变得怎么样呢？

客户有困难时,销售也会义不容辞地想要为他提供帮助。同时,客户也会认真倾听销售的意见,接受其提供的解决方案。

这就是我理想中的销售员的角色。提问的作用就是帮助我在短时间内和客户结成这样的关系。

提问销售法的两大目的，快速拉近关系

为什么通过提问可以在短时间内加深关系呢？这又是如何做到的呢？

在此，我会向大家一一解密。

我提问时，抱有两个主要目的：

- 了解客户的"生活方式"和"思维模式"。
- 了解客户的"现状"和"烦恼与需求"。

这两个目的并不是互相孤立的，而是有着千丝万缕的联系。它们最终不仅利于我们激发客户的购买欲，还能提高销售员帮助客户的热情。

帮助的客户越多，向自己表示感谢的客户也越多。在这种良性互动下，工作也变得越来越开心了。

为什么提问能够让客户和销售的心境都发生变化呢？下面我

来为大家解释一二。

目的1：了解客户的"生活方式"和"思维模式"，创造签单氛围

了解客户的"生活方式"和"思维模式"会带来什么样的变化？答案是：销售和客户的心境都会发生改变。

假设我问客户："您从事这份工作的契机是什么？"于是客户谈起了过去的经历，但这对客户来说并不是跟什么人都能畅谈的话题。

可以说，客户聊起过去的经历，相当于是在向自己吐露秘密了。这说明客户开始对销售产生亲近感了。换句话说，客户在倾诉秘密时，实际上已经把销售当作挚友一般的存在了。

销售人员在倾听客户心声的同时，心境上也会发生变化：一是感动，被对方的经历打动；二是感谢，感谢对方向自己袒露心声。此时销售员会越发想要加深对客户的了解，进行更深入的提问。

销售员对客户的关注会在交谈中转换成好感，对客户心生敬意。于是，销售员想要帮助客户的心情也会变得越来越强烈。

在提问中了解客户的"生活方式"和"思维模式"，不但能够加深客户对自己的信任，还能激发销售员尽心尽力为客户服务的热情。

目的 2：了解客户的"现状"和"烦恼与需求"，增强签单信念

了解客户的"现状"和"需求"会带来什么样的变化？

客户的需求感会变得更强烈，销售员则更加坚定为客户解决问题的信念。最后，销售员从客户那得到的积极评价越多，对工作就越投入。

也许很多人觉得我又在夸夸其谈了，但事实确实如此——因为你处于一个被肯定的环境里。

为什么会变得如此神奇呢？我来解释一下它的原理吧。

产品再优秀也好，销售员再优秀也罢，都不是吸引客户的关键。客户没有主动购买的意愿，产品就卖不出去。也就是说，没有需求就没有市场。

这种"需求"不可小觑，因为客户的需求是隐藏在内心深处的，别人是看不到的。说白了，其实大多数客户自己都不清楚自己需要什么。

为了让客户在这样一种混沌的状态下清楚地认识到自己的需求，必须要采用提问的手段。在销售员与客户的对答中，客户会慢慢察觉自己想要什么。也就是说，提问可以挖掘出客户内心的潜在需求。

客户的潜在需求可以通过询问"现状"得到系统地整理。就好比你是装修公司的销售员，如果直接询问客户有没有装修的需

求,客户是不可能马上就给你回复的。但是如果从现状开始提问,是可以让客户慢慢回想起房子的实际情况的。这一类的提问可以是"您现在住的是什么房型?""房间布置是什么样的?""房龄多少年了?"等等。

在此基础之上进一步询问:"您有没有不满意或者想翻修的地方呢?"客户就会顺着话题去回想待解决的问题。他们回复可能是"外侧墙壁的油漆脱落了""厨房的地板损坏得很严重"等等。回答的同时,客户就会认识到自己"必须翻修"或者"想要翻修"的需求。这是他们之前没有察觉到的。

我想大家都有这样的体验:一旦发现自己需要什么,这种需求感就会变得越来越强烈。我们对恋爱的需求就是很典型的例子。

提问触发需求,需求带来机遇

难得提到了恋爱,我就再展开说一说吧。

学生时代的你是否很喜欢和挚友聊异性的事?我就有这样的经历。

朋友问我有没有喜欢的人的时候,我不由自主地想起了班里的某个女孩。在这里我们假设这个女孩叫惠子。

明明在此之前没有意识到这件事,但一旦有所察觉,心里就会不由自主地涌现出"我喜欢惠子"的心情。

"为什么喜欢惠子呢?"
"因为她温柔、爱笑。"

提问越深入,我喜欢她的心情也变得越来越强烈。

"那你要跟她交往吗？"

这么一问，我不禁幻想起和惠子手牵手的画面。我越发强烈地感受到我对惠子的喜欢。

"那你要表白吗？"
"嗯。可能会失败，但我想放手一试。"

销售员在向客户提问时也会产生相似的效果。关于上文提到的装修公司的案例，后续是这样的。

"说起来厨房地板损坏得很严重。"
"您有做过什么补救措施吗？"
"没有……"
"如果是这样，建议您还是想想办法为好。"
"说的也是……"
"如果有好的解决办法您是否会考虑呢？"
"如果既实惠又好的话，就会考虑。"
"我们刚好有符合您需求的方案，您是否有兴趣听一听呢？"
"说来听听吧。"

在这里，销售员没有用劝诱的方法推荐产品，而是用提问一步步引导客户明确自己的想法。于是客户在思考中越发确定自己的想法，并将想法变成行动。

由于"想听听装修公司怎么说"的想法越发强烈，客户便把这个想法说了出来。到了这一步，销售员就得到了预约会面和介绍产品的机会。

但这还只是开始，后面才是销售员的主场。在这一步千万不能掉以轻心导致局面失控。

大多数销售员在挖掘出客户的需求后，马上就会从"提问式销售"变回"说服性销售"。明明好不容易在提问中拉近了与客户的距离，却又转回"说服性销售"模式，这会让客户产生被强行推销产品的心理，导致双方的关系一下子疏远开来。因此一定要避免这种情况的出现。

在上一个阶段里，双方已经在短时间内建立起了信任关系。尽管如此，客户还没有对销售员完全敞开心扉，销售员想要"为客户解决问题"的想法也还不够强烈。这是因为现阶段我们了解的只是"客户有主动购买产品的潜在可能性"。

这个阶段相当于第 1 章我提到的"客户有加入猜拳游戏的意愿"的阶段。销售想要"后发制人"取胜，就必须通过提问让客户"先出拳"。

提问的过程，是双方达成共识的过程

我们再回到装修公司的案例中。

上文说到，销售员不仅通过提问成功拉近了与客户的距离，还挖掘出了客户的需求。但为了最后能够签单，销售员仍然需要不停地进行提问。

提问过程中，销售员"为客户提供帮助"的热情会变得高涨起来。另一边，客户也会加深对销售员的信任，提高购买意愿。

"感谢您今天抽出宝贵的时间。说起来，为什么您今天有时间接待我呢？"

"嗯？因为前几天我们约好了啊。"

"说是这么说，但我当时想，如果您没有需要是不会与我约时间的。"

"因为我曾经也考虑过翻修的事情。"

"明白了。那天之后有没有什么新变化？您太太有说什么吗？"

"她说的确损坏得很严重了。"

"损坏的具体情况是怎么样的呢？"

"漆膜剥落得挺严重的，地板表面变得很粗糙。"

"原来如此。可以了解一下您的家庭结构吗？"

"我、夫人和两个孩子，一共四口人。"

"平时应该很热闹吧。您孩子多大了？"

"大的上大学了，小的还在读高中。"

"看着两个孩子成长，一定很开心吧。想必这里承载了很多美好的回忆。"

"说起来，以前女儿经常在厨房玩耍。"

"这也是回忆的痕迹呢，您应该也是舍不得翻修吧。"

"说是这样，但也不能一直放任不管。"

"那您打算怎么办？"

"还是要尽快下定决心吧。"

"那您看……"

"嗯，还是翻修吧。"

"您打算翻修哪些地方呢？"

"地板，还有……墙壁也老化得挺严重了。"

"明白了，想必您是想好好修整一番的，对吗？"

"不然先前我也不会问你有没有好的办法了。"

"是啊,所以那次之后我也联系了施工人员商讨了一下最佳方案。"

"啊?这么快!那真是太感谢了。"

"毕竟我们还是希望客户能够不后悔选择我们。您愿意详细了解一下我的方案吗?"

"好!"

通过对话,销售员能够在脑海里描绘出客户一家人生活的场景,由此变得越来越想要为他们提供力所能及的帮助。同时,客户也会越来越想翻修自己珍视的房子,并且对认真为自己考虑方案的销售产生信任感和感激之情。

最终,两人协商定下的翻修范围比当初设想的更大。经过销售的一番努力,材料费和工钱没有被压得太低,最后达成了令双方都很满意的共识,销售员也获得了客户的肯定。

会提问≠让客户不停地回答问题

我把我的这一套方法称为提问销售法,但光看字面意思多少会招致一些误会。可能有人会直接把它理解为一套"销售技巧",认为"不停地让客户回答问题就能把东西卖出去"。

我用这种方法指导销售工作已有十多年了,其中大多数人都能在实战中拿出成绩。或许因为效果较好,提问销售法逐渐得到普及。

对此我很欣慰,但也察觉到一些问题:人们更倾向于把"提问"从这种方法中剥离出来,当作一种浮于表面的销售技巧去使用。

"提问"的确是一种技巧,可以让我们拉近与客户之间的距离。但一味地提问,既不会让客户提高主动购买产品的意愿,也无法激发销售想要帮助客户的使命感。

这种做法就如同日本谚语"造佛却不造魂"说的一样,努力做一件事却遗漏了关键的部分,这不是白费功夫吗?

虽然我没制作过佛像,但我也知道只有先细心打造形态,神韵才会一下子显现出来的道理。比如雕刻木制佛像的时候,每一刀都要非常细心,这样佛像的神韵才会外显出来。

提到佛像不免让人有些生畏,其实制作佛像的道理同样适用于"提问销售法"。

在旁观者眼中,我提倡的"提问销售法"不过是一种销售技巧或聊天方式,但实际上它是一种富有内涵的交际方法。

坚持提问两大原则,赋予其"神韵"

刚才我提到,制作佛像的道理同样适用于提问销售法。而提问销售法的"神韵"来自以下两大原则:

- 第一,即我此前多次提到的"销售的本质是为客户提供帮助"。
- 第二,即"人只会按自己的意愿行事"。

如果不理解、不记住这两大原则,提问销售法在实际中的运用就会停留在表面上,变成一种技巧。这样一来,销售额很难会有提升。

提问销售法的"法"指的是方式,即以提问的方式进行销售工作。

为什么要采用提问的方式呢?因为这样更利于我们为客户"提供帮助"。由此我们可以明白,不利于我们为客户"提供帮助"

的提问，是不必要的。

有些销售会特意腾出时间与客户闲聊，这就是对提问销售法有所误解的表现。

要知道，闲聊是不能帮助我们建立与客户之间的信任关系的。毕竟在现实当中，即使双方聊得再多，只要将话锋转到正事上，气氛就会变得凝重起来。

提问，是为了让客户主动倾诉自己的事情，这些事情可以是家里的事、公司的事、过去的事、现在的事、未来的事等等。

我一般会先和客户聊聊天气，例行问候之后转移话题，引导客户进入正题。

原则1：销售的本质是为客户提供帮助

提问销售法会让销售员越来越想要"为客户提供帮助"。

前面提到，销售员要一开始就抱着"为客户提供帮助"的心态和客户会面，但由于最初双方还不熟悉，销售员并没有多少想要帮助客户的想法。实际上，如果一开始销售员就表现得太热情是会吓跑客户的。

在有来有往的问答中深入了解客户后，销售员会开始觉得"这个人不错"。随之，销售员会越来越想要为客户出一份力，直至最后确信自己能够以专业顾问的身份"帮助客户解决问题"。

以上就是销售员的"助人之心"不断高涨的过程。

践行了提问销售法后，我得出一个感悟：每个人都有自己的人生信条。强势的人有他变得强势的理由，反之，随和的人也有他变得随和的理由。

正因如此，我才会觉得"和人打交道真的很有意思"，并抱有"我也想要为他们尽一份力"的想法。

说实话，有时我也会碰上难以应付的客户。为攻破这一类型的客户，我会加强自己作为一名专业顾问的意识。

用专业知识为客户解决问题是职场人士的骄傲。我相信只要有这样的意识，没有销售员拿不下的客户。

原则2：人只会按自己的意愿行事

想必大家都能理解"人只会按自己的意愿行事"这一原则的含义。但不少销售员经常忘记这一原则，不顾客户的心情和实际情况，变成说服性销售。

说服性销售在实际工作当中还有更多、更具体的分类：费尽口舌型、谦卑型、强硬型、恳求型等等。对这些类型进行分析之后，我发现无论哪类都是销售员渴望销售额的投影。

客户有自己的考虑和需求，他们都是经过深思熟虑之后才决定购买产品的，也就是遵循"人只会按自己的意愿行事"这一原则。销售员必须谨记这一点。

另外，客户做决定还会遵循以下规律：

想法和感受→思考→行动

其实，人都是按这样的规律行动的。

最初无意识的想法和感受在变得强烈后，人们会更深入地进行思考，由此得出结论并展开行动。在这一过程中，提问发挥了很重要的作用。

如同上文提到的翻修案例，在销售员向客户了解"现状"的过程中，客户会想起"家里有破损的地方"。这样的"想法"会逐渐转变为"需求"，于是客户会开始思考"有条件的话想把破损的地方修好"。

在被问及是否做过补救措施时，客户开始思考"因为什么都没做，所以才会破损成现在这样，还是想想办法比较好"。

在销售进一步追问"是否想做点什么"时，客户就更深入地思考要怎么解决问题了，于是他想"要不翻修看看吧"。

最后，销售提出自己的方案，推动客户将想法转化为行动。

掌握行动规律，遵循提问的行动步骤

上面我已经为大家揭示"人只会按自己的意愿行事"这一原则背后的规律了。

提问销售法的目的是引导客户将想法转换为行动。没错，这就是提问销售法的奥秘所在！

我提问时会遵循以下步骤：

了解现状→挖掘需求→发现问题→解决问题

了解人们行动前的规律并遵循该规律进行提问，才能让客户提高购买意愿并做出购买行为。当然了，并不是所有事情都会按照这三个阶段推进的。倒不如说这种情况属于少数。

实际提问中，还会出现以下的情况：

了解现状→挖掘需求→发现问题→了解现状→挖掘需求→发现问题→解决问题

通过提问了解客户现状,从中挖掘出客户的需求,发现问题,再从问题的现状和对问题的需求中挖掘出真正需要解决的问题,并引导客户进行解决。

也就是不断地通过提问挖掘客户待解决的问题,在探讨解决方案时提及自己公司的产品,刺激客户的购买意愿,引导其下决心购买产品。

以客户为中心思考问题，引导客户思考

提问销售法要求我们掌握人们采取行动前的规律，以进行有针对性的提问。

但是话说回来，为什么要采用提问这种形式呢？当然是为了引导客户思考了。客户在作答时，会对自己的言行抱有责任感。因此，销售员必须尽量把说话的机会留给客户。

控制发言不是忍耐而是从容的表现，只有放平心态才能做好销售。

许多销售员急于求成，总是想让客户跟着自己的节奏走。为了让客户插不上嘴，他们说话如同机关枪一样。也许他们并没有恶意，但由于他们总是想着产品和服务，因而很难改变以自我为中心展开对话的作风。在客户看来，他们没办法跟上这种节奏的对话，会对销售员抱有不信任感，认为他们"在强行推销产品""在骗人"。

提问，就是防止这种情况出现的最有效的办法，因为提问可

以让对话根据客户的思考速度进行展开。

客户回答问题一定是因为脑海里浮现了与提问相关联的事物，提问可以让客户的思维聚焦在一个未曾留意的问题上，并将问题放大。

每个客户思考的速度是不一样的。明白了这一点之后，就没有必要急于让客户给出答案，或者因谈话进展过慢而感到焦虑不安。

三个关键词，构建提问销售法的运作模式

看到这里，想必大家已经理解"提问销售法"的本质。我在第122页的插图中为大家剖析了"提问销售法"的运作模式。

如图所示，加深对客户的了解并有针对性地进行提问后，销售员想要"为客户解决问题"的意识就会越来越强烈。一般人在践行了提问销售法后再来看这个图解，会得出更深的感悟。

提问销售法的运作是呈螺旋状循环递进的，在这一期间，客户的购买意愿和销售员"为客户解决问题"的意识都会变得强烈，直至客户做出主动购买产品的行动。

关键词有三个：

关注信息→收集信息→掌握信息

这三个关键词可以理解为以下三点。

> 关注信息＝抱有好感
> 收集信息＝进行提问
> 掌握信息＝表示认同

概括地说,就是销售员对客户"抱有好感",向客户"进行提问",并对客户的回答"表示认同"。

通过这种方式,双方能够顺利完成沟通,并建立起良好的合作关系。另一方面,销售员的最终目的是让客户主动购买自己的产品和服务。

销售要在建立客情关系的同时,提高客户的主动购买意愿。而"提问"正是实现这一目的的关键。

提问销售法的运作模式

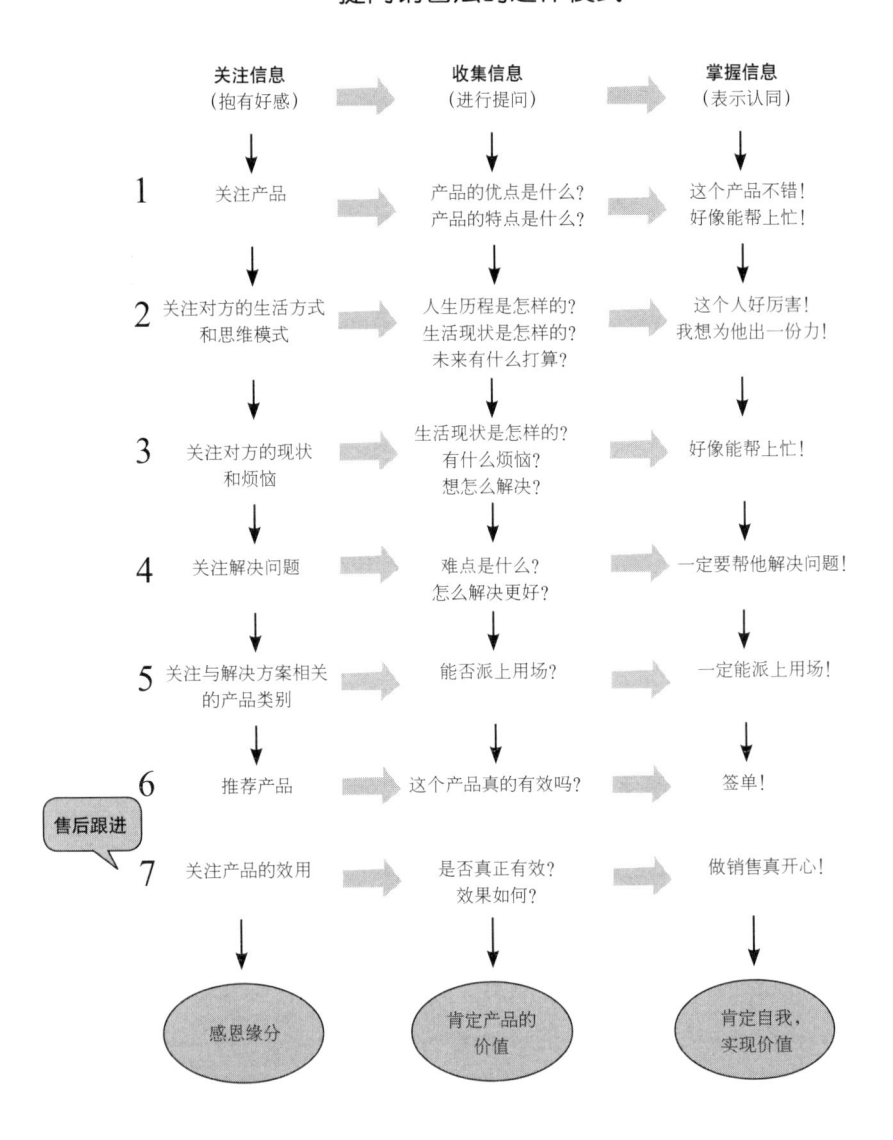

	关注信息 (抱有好感)	收集信息 (进行提问)	掌握信息 (表示认同)
1	关注产品	产品的优点是什么？ 产品的特点是什么？	这个产品不错！ 好像能帮上忙！
2	关注对方的生活方式和思维模式	人生历程是怎样的？ 生活现状是怎样的？ 未来有什么打算？	这个人好厉害！ 我想为他出一份力！
3	关注对方的现状和烦恼	生活现状是怎样的？ 有什么烦恼？ 想怎么解决？	好像能帮上忙！
4	关注解决问题	难点是什么？ 怎么解决更好？	一定要帮他解决问题！
5	关注与解决方案相关的产品类别	能否派上用场？	一定能派上用场！
6	推荐产品	这个产品真的有效吗？	签单！
7	关注产品的效用（售后跟进）	是否真正有效？ 效果如何？	做销售真开心！
	感恩缘分	肯定产品的价值	肯定自我，实现价值

采用提问销售法，让销售事半功倍

采用提问销售法后，很多事情都变得顺利起来了。客户的反馈、工作状态、销售额都在往好的方向发展。为什么会这样呢？

如提问销售法的运作模式所示，"关注信息"（抱有好感）和"收集信息"（进行提问）的内容会在不同阶段发生改变。但"掌握信息"（表示认同）始终是围绕"为客户解决问题"这个目标展开的，且在这个过程中，"为客户解决问题"的意识会变得越来越强烈。这证明，销售额也好，客户的认可也罢，都是建立在"为客户解决问题"的意识之上的。

刚开始"帮助客户"的意识没有那么强，是因为还没有"掌握信息"。毕竟"提问"也是有技巧的。

在这个循环递进的过程中，销售会越来越坚定"自己能够为客户解决问题"的想法。

积累了一定的成功经验后，我们收获的将是"感恩的心""对产品价值的肯定"以及"对自我价值的肯定"。

最后,"销售的本质就是为客户提供帮助"这一信念会在内心生根发芽。到了这种境界,任何销售员都会变得具有亲和力,由内而外散发着为客户服务的热情。这些人只要微微一笑,客户就会主动找上门来了。

有些销售员在成功了几次后认为自己"终于抓住了诀窍",却又不小心变回了"说服性销售"。明明他们无论是内在还是外在都发生了肉眼可见的改变,销售额也逐步递增,为什么还会出现这种情况呢?

实际上,他们有的是因为欲望随着业绩膨胀,有的是因为管理团队的压力过大。

负责人要管理团队的业绩,所以每天都会督促下属做出成绩。在这种催促下,有些销售员很容易忘记自己的本分,眼里只有数字。

所以我认为,销售员和销售团队要把提问销售法坚持下去,直至每个人都形成"为客户解决问题"的意识并得出成果。

第四章

激发客户购买力：20个提问技巧

- 万能的"三问"
- 被拒绝时，先表示理解，再切换话题
- 作为专业顾问，不需要微笑
- 签单阶段，要保持平常心
- 做好售后，建立销售的信念

提问销售法的 20 个提问技巧

在上一章中,我详细介绍了提问销售法的原理和运作模式。本章中,我将会向大家介绍我在实践过程中注意到的一些要点和练习方法。

首先,整个销售过程中都需要注意的一点是:与客户对话时要亲切、友好。这是所有职场人士都需要具备的常识和素养。

只要举止大方得体,一般来说客户都不会拒之门外。被拒绝也只是因为这些人太忙罢了,没有必要为此感到沮丧。

抱着"为客户解决问题"的意识,自信地与客户对话就好。

技巧 1:选一个问题作为切入点,轻松展开对话

有些销售员跟我说提问不应该涉及隐私,对此我建议他们先问了再说。

听从了我的建议后,他们有点惊讶:没想到客户还挺乐意回

答的。如果客户含糊其词，则证明他们并不想回答问题。这时只要道歉并换个问题就好。

所谓以提问为切入点展开对话，就是要顺着客户的回答，不断打听具体情况。

对于客户的回答，我们可以提问："那是怎么回事？"这样一来，客户就会进一步做出解释。而我们又可以接着提问："为什么会这么做？""这是怎么一回事？"这样就可以提出更多细节上的问题。

像这样将一个问题作为切入点，不断提问的话，就能更深入地了解对方的信息和目前的状况。

技巧 2：万能的"三问"

我之前提到，客户往往不知道自己需要什么。如果在这样的情形下贸然推销产品，很容易招致客户的厌烦。

因此，销售要做的就是尽可能地帮助客户整理头绪，激发他们的购买欲。要做到这一点，只需要三句话：

- "比如说？"
- "为什么？"
- "也就是说？"

"三问"的作用各不相同。

"比如说？"——用以套出具体信息，客户会据此清晰地回忆起过去发生的事情或印象模糊的场景。销售可以通过客户的回答更具体地了解客户的想法和思绪。

"为什么？"——用以了解原因，把客户内心深处的"感受"挖掘出来。反复询问"为什么"，可以让客户慢慢发现其自身未曾察觉的动机。

"为什么要那样做呢？"

"因为是这样考虑的。"

——客户为自己的行动寻找理由。

"为什么会那样考虑呢？"

"因为有这样的想法。"

——在追问下挖掘出更深层次的原因。

"为什么会有那样的想法呢？"

——直到找到最根本的动机。

这时，客户终于察觉到了内心深处的需求，同时还会对引导自己吐露心声的销售员心生感激。另一方面，销售员在了解客户的思虑和想法之余，也能感受到客户意愿的强化。这样一来，销售员想要"帮助客户"的意愿也会变得强烈起来。

"也就是说？"——用以引导客户接下来的思考与行动，再次确认客户的想法。客户在回答了以上两个问题之后，会越来越肯定自己的想法。

销售员在确定了客户的想法后，可以通过这个问题引导客户做出判断与行动。客户也会因此再次肯定自己的想法，开始意识到自己想要什么，从而强化行动意愿。销售员在得到回复后，也会越发地想要"为客户解决问题"。

"比如说？"和"为什么？"分别是为了展开和深入对话。"也就是说？"是为了让客户再次认识自己的想法，并引发之后的行动。过去的事情则用"后来怎么样了？"进行提问。

以下举例说明。

"比如说，那个时候您是怎么考虑的呢？"（展开）

"我仔细思考了一下自己力所能及的事情。"

"为什么会这样想呢？"（深入）

"还是想发挥自己的强项吧。"

"比如说强项是指什么呢？"（展开）

"我的强项吧，是比较能静下心来做事情。"

"为什么这么说呢？"（深入）

"因为我很享受那个过程。"

"您之前的工作是怎么样的?"

"我是为厂商做研发工作的,所以必须踏踏实实做好每一步工序。"

"那后来做得怎么样呢?"(过去的结果)

"自己说出来有点自吹自擂的意思,但我做出来的东西还不错。"

"那真是太厉害了。也就是说?"(再次确认想法)

"我想我还是喜欢做研发吧。"

"后来怎么样了呢?"

"后来就找了现在这份工作。"

"所以才有了现在这份出色的工作呀。"

仅仅三个问题就能在广度和深度上延续话题,了解对方所思所想及其对工作的看法,不断深入了解对方的内心世界。

从上面的对话可以看出,比起在广度上的延伸,**提问更注重在深度上的挖掘。**

深入了解对方后,销售员就能够知道对方到底想要什么,据此找出相应的解决方案。同时,销售员在了解了客户的人生历程后,会越发坚定帮助他们的想法。

技巧 3：提问越简短，效果会更好

提问时要注意"不能打断对方的思路"。

"比如说？""为什么？""也就是说？"这样简短的问句，就像唱歌时跟着节奏打拍子一样，能够自然而然地插入对话当中而不会打断别人的思路，让对话得以进行下去。

有些销售在听完对方的话后会做一大串的总结，这样不仅会打断对方的思路，还会让自己看起来像"听众"而不是对话的参与者。因此，总结的话语以简短为佳。

最好是顺带一提，"然后呢？"是最简短的提问，随时都能拿来使用。如果不想让对话显得生硬，可以加上**"话说回来""那时候""那么"**这三个接续词。

"那时候，比如说，做了什么呢？"可以像这样把话题延续下去。

开头很关键，最好在对话开始 3 秒左右就进行提问。

（一边递名片，一边报上公司名称和姓名）"请问您听说过我们公司吗？"这样差不多就是 3 秒了。

如果对方回答不知道，就要简单地介绍一下公司。

如果对方回答知道，就先向对方道谢，然后询问对方是通过什么方式了解到的，再作一些补充，最后用"话说回来"转移话题进入提问阶段。

这样能够最快地拉近与客户之间的距离。

技巧 4：销售不想说，但一定要准备的问题

展开对话后，这样的提问是最直击人心的。

- "为什么您愿意抽时间见我呢？"
- "为什么您愿意接待我呢？"

我指导的大部分销售都对这种提问有所抗拒，觉得自己说不出口。

我很理解他们的心情，毕竟是销售请求对方腾出时间见面的，见了面反倒问对方为什么和自己见面，岂不是显得很失敬？

但是，这反而是最行之有效的提问。

"为什么您愿意接待我呢？"
"因为你电话里提到的东西吧，我有点感兴趣。"
"太感谢了，您是对哪个部分比较感兴趣呢？"

看懂了吗？这样的提问可以让你的立场由销售员转变为专业顾问，让客户感觉你不是来卖东西的，而是来帮他解决问题的。

如果对方回答："还不是因为你跟我约了时间？"则可以这样回应：

"确实如您所言,但是没必要的情况下是不会答应见面的,不是吗?"

不要畏怯,但态度要谦卑,这样才能先发制人。对方也会不由得表示同意,于是对话就有了一个好的开头。

技巧5:以解决问题为基本,提问没有禁忌

有些销售员会腾出时间和客户闲聊。虽说这也有利于销售工作的展开,但我从来不这么做。我始终都围绕客户进行提问。

有人说聊天尽量不要聊政治和宗教话题,但如果对方主动提出,那我们顺着对方的话继续问他们就好:"也就是说?"

我认为只要在对话中提到了,就没有什么可忌讳的。

有次和客户聊天,对方提到自己离过婚的事情,于是我就客套地问了问对方离婚的原因。

其实这也是抱着"为客户解决问题"的意识,以"专业顾问"的角度换位思考的一种做法。

只要是在"为客户解决问题"的意识下提出的问题都是合乎情理的。只要在这个前提下进行提问,既不会冒犯他人,也不会遭受误解。

技巧6:越懂人情世故,越不会提问

有些销售很懂得如何与人相处。这的确很重要,但这样的人

不一定能获得客户的青睐。

实际上,懂不懂人情世故与销售额是没有直接联系的。我反倒认为这种性格会给销售工作带来不便。因为明明很多事情只要直接问对方就能知道答案,他们却喜欢先入为主地替对方做决定。

当然了,销售员也不能对客户说什么都没反应,但过于以己度人也不行。如果不去了解对方真正想要什么就擅自行动,是无法拉近双方距离的。

前些天,我向一位很擅长社交的销售提了这样的建议:比起观察对方,要更多地去问、去听。后来他在工作中采用了我的建议,回来的时候给了我很好的反馈。

他说:"老师,您的建议好实用啊。后来我一直都有意识地向客户提问,不再独自瞎猜了。现在客户想什么我都心中有数,工作进展得很顺利,销售额也成倍增长了。"

技巧7:在提问中表达同感,引起共鸣

用什么样的方式向客户提问固然很重要,但我认为如何在提问中表达"同感"才是最重要的。

提问是为了加深对客户的了解,表达同感是为了拉近与客户的距离。我经常教导学员要用气息表达这种感受,举个例子:

- 反例："哦，原来是这样，我明白了。"
- 正例："啊——原来是这样——我明白了！"

人的情绪是可以通过气息表现出来的。用气息表达感受也算是一种技巧，但只要对客户有足够的关注，提问中自然而然就会表达出同感的情绪了。

客户在看到自己的话引起了销售的共鸣时，也会对销售更加信任。

技巧 8：在共鸣中分享自我，拉近关系

当人们产生共鸣时，很自然地就会发出"啊！""哦！"等语气词。共鸣变得强烈时，还会发出"好厉害啊！""真棒！"等感叹。

有些人觉得称赞的话说多了会显得很刻意，因此不太敢去称赞对方。而实际上只要我们足够关注对方，就会在无意识中称赞对方。

每个人都喜欢被关注、被理解、被称赞，只要做到这三点就能拉近双方的距离。如果发现双方有共同点并及时告诉对方，双方的关系就会更上一层楼。

假如两人是同乡的情况下：

"我来自福井县鲭江……"
"我是福井县敦贺的！！"

"原来你也是福井县人啊,真是有缘啊。"

技巧 9:被拒绝时,先表示理解,再切换话题

引起共鸣后,还有一个技巧很重要,那就是以能够引起共鸣的事情为切入点进一步提问,加深双方交流。

下面是在汽车 4S 店里发生的一段对话。

"您是否在考虑换车?"
"没有,现在的车够用了。"
"那挺好的。您的爱车能满足您百分之多少的需要呢?"
"嗯,大概 90% 这样吧。"
"那可真好。想必您日常保养得很好了。那剩下的 10% 呢?"

像这样,先向对方表示理解,再切换话题。
这种情况下大致上有三类应对方法。

- "共鸣+提问"型
 "那挺好的"+"大概满足百分之多少的需求呢?"

- "共鸣+称赞+提问"型
 "真好"+"想必保养得很好了"+"剩下的 10% 呢?"

- "共鸣+称赞+说明+提问"型

"真好"+"想必保养得很好了"+"实际上对于您这类客户我们有更好的方案"+"您是否有兴趣听听呢?"

在向客户表达"没有最满意只有更满意"的观点之前,必须先对客户的想法表示理解。了解客户的现状后,以"进一步满足客户需求"为目标展开互动。

专业顾问要做的就是思考如何"帮助客户",只有站在这一立场上,才能以"共鸣"+"提问"的方式巧妙地回应客户的拒绝。

技巧10:提问中,要注意对话的节奏

我在与客户交流时非常注意对话的节奏。

比如在不知道有些话该不该问的时候,可以先试着为对话做一些铺垫。这一点很重要。

下面的提问就是因为没有做好铺垫,过于唐突了,导致气氛有点尴尬。

"您多大年纪了?"

"呃,我年纪很大了。"

"……啊,是这样啊。"

稍微铺垫一下,话头就峰回路转了。

"您多大年纪了?"
"呃,我年纪很大了。"
"哎呀,您看上去真年轻。"
"其实我已经62岁了。"
"果然还很年轻啊!"

这样一来,对话就能在轻松愉快的氛围中延伸开来。

而下面这种说话方式则会让对方感到不适。

"非常感谢您今天抽出时间接待我们。那个,我们是从事这个工作的。啊,谈工作之前,我们想了解一些关于您的事情……"

销售员必须在拜访客户之前,多练习如何自然流畅地与客户进行寒暄。

技巧11:稳步推进提问步骤,更受人欢迎

也许有很多人会认为"有能力的销售员"是阳光的、开朗的、精通话术的,但是很少有客户会因为销售员的这些品质而去购买产品。

事实上，我发现性格稳重的销售员更受欢迎。

为什么这么说呢？因为我观察到，越是稳重的销售人员，越能静下心来认真地与客户交流；越是冷静的人，越能引导客户认真思考问题。

这就好比我们想好好思考问题的时候，比起听摇滚乐，听轻音乐更能帮助我们整理思绪。

前面我们说过，客户在决定购买产品之前会经历"想法/感受→思考→行动"的过程。而性格稳重的销售员能够按照这个过程推进双方的对话。

说话的声音也要注意不要过于高亢，要让别人听起来中气十足而又温和亲切。

技巧12：巧妙提问，推销低价产品

推销房子、汽车等价格高昂的产品时，销售与客户磋商的时间自然会比较长。

对于这些贵重产品，客户不可能一下子就做决定，所以，销售要仔细而又耐心地向客户提问。

之前我在推销培训课程的时候同样需要细心和耐心，也正因如此，刚开始的一段时间里我几乎变成了"费尽口舌型"销售员。

那么，推销低价产品的情况下，销售员应该怎么做呢？

委托我做销售培训的企业中,有一家公司销售的是定期购买日用品的会员卡。这种会员卡产品属于低价产品行列,推销会员卡不仅要登门拜访,还要在街边做宣传。在街边做宣传的情况下,就无法与客人进行长时间的对话了。

"您好,我们是××公司,请问您了解过吗?"

"您是要去购物吗?辛苦了。平时您都有怎样的购物习惯呢?"

提问时的语气不同,客户的反映也会不一样。下面我以某位业绩优秀的销售员为例进行说明。

"照顾小朋友也挺辛苦的。您现在是要去购物吗?准备去哪里呢?"
"附近的超市。"
"辛苦了。您去那边购物的时候有没有觉得哪里不方便?"
"拎东西的时候挺麻烦的。"
"也是,毕竟带着孩子。具体是什么情况呢?"
"买东西时要牵着孩子,但孩子总是不安分啊。"
"确实是这样。您觉得什么时候最麻烦呢?"
"下雨天吧,因为又要撑伞又要牵着孩子,还得拎着购物袋。"
"那个时候您怎么办呀?"
"只好改天再去了。"

"可是有时候连着下好几天雨，也不能一直等着。"

"那肯定呀。"

"如果有什么好的解决办法就好了，对吧？"

"那当然了。"

"我们公司就能为您解决这样的问题。另外您是否比较注意食品安全？"

"那肯定啊，家里有小孩呢。"

"我们公司特别注意对食品安全的把关，您不妨试吃一下我们的产品？"

"好，我尝尝吧。"

"您请。另外这是我们的产品手册，过些天能否让我们了解一下您对我们产品的看法？"

这样一来，就可以在互动中约定好下次见面的时间和地点，打听客户的想法了。

就算是没什么业绩的销售员，在采用了提问销售法后，销售额也会一下子大幅增长。这下甚至连新员工都主动提出要去跑业务了。

技巧13：作为专业顾问，不需要微笑

板着脸的销售员和看起来很温柔的销售员，客户会更倾向靠近哪一个呢？也许大部分人都会选择后者吧。但我一直都跟我的

学员强调"不能微笑"。

当然了,刚开始与客户接触的时候是可以微笑的。在询问客户个人的事情,如他们的经历、工作、生活方式和思维方式时,柔和的表情更容易让客户吐露心声。

但在打听完对方的现状后,这样的微笑就没有用武之地了。

因为我们要把身份切换为相应领域的"专业顾问",专注地向客户提问,不允许有遗漏之处。这时候微笑反而会分散注意力。所以并不是"不能微笑",而是"不需要微笑"罢了。

作为专业顾问,销售员只需集中注意力思考如何为对方提供帮助即可,没有必要拘泥于礼节。

技巧14:专注于对话,及时做出反应

当我们集中精力与对方沟通时,是能够很快根据对方的态度做出反应的。

下面我分享一下某位上市供电企业的销售人员的经历吧。

"您好,我们是××公司。这次还想请您再考虑一下换供电商的事宜……"

"又来了,真是死缠烂打啊,我们不需要。"客户毫不留情地回应道。我们甚至可以想象出他赶苍蝇似的挥手赶人的样子。

这时销售员马上回应道:"既然我们来打扰了这么多次,为什么您就是不选择我们呢?"

对方稍微思考了一下说:"因为听你们解释很麻烦啊,又听不懂。"

于是销售员向对方解释了一下更换供电商的好处与坏处,最后似乎拿到了订单。

正因为销售抱着"为客户提供帮助"的意识,才能在那种情况下马上做出反应,告诉对方"更换供电商是有好处的"。

只有专注于思考如何为客户提供解决方案的人才能做到这一点。

技巧15:放下面子,融入对方圈子

有些销售员认为"提问是很难的事"。问他们原因,得到的答案无非是"连话都说不好,又怎么能好好提问""问错问题就很尴尬了"等等。

他们似乎把提问想象得太复杂了。

对我来说,提问反倒是最简单的。因为只要足够关注对方,自然就有想问的事情了。

比方说谈恋爱,大家都会想要了解对方的全部,不是吗?对方喜欢的颜色、喜欢的音乐、有几个兄弟姐妹……自然而然地都想去了解。

销售员和客户之间也是一样的。

放到工作中反而担心这担心那,先入为主地把提问想成一件难事,难道不是因为奇怪的自尊心在作怪吗?

只要把注意力都放到"为客户解决问题"这件事上,面对客户时自然就会有想问的问题了。那个时候的我们将不再把话题局限于自己的认知世界里,而是进入对方的世界进行交流了。

技巧 16:利用小技巧,吸引对方注意

我从 40 岁开始从事了两年的房产销售工作。那时我从公司老板身上学习到了不少东西,可以说提问销售法就是基于这一时期的经验诞生的。

他不是一般意义上的"老板",总给我一种不靠谱的感觉,但他的销售额却一直保持上升趋势。我对此感到很诧异,直到后来我陪同他外出拜访客户,才明白了其中的缘由。

那天我们到了客户住址,他按下客户门铃,对着对讲机嘟囔着什么。

"%¥@#……"

我听不懂他在说什么。对讲机那边传来声音:"请问有什么事吗?"

"啊，我是％￥@#……"

没过多久女主人出来了，于是他又说："啊，我是％￥@#……"

因为还是听不清他在说什么，女主人往这边走了过来。

"啊，我是％￥@#……"

女主人很努力地想听清他说什么，把耳朵侧了过来。

"原来是房地产公司的啊！"

看到这里，我对销售的认知瞬间就像玻璃一样碎裂开来。

原来他是在故意以这种方式引导对方靠近自己啊！

技巧17：签单阶段，要保持平常心

签单就是客户在最后签订合同的意思。

在这一阶段，我们依旧要通过提问对客户进行引导。因为最终的决定往往伴随着风险，所以客户也会格外谨慎。

为了消除客户的顾虑，就得创造一个环境，让客户觉得"签合同是必然的"。

怎样才能让客户觉得"签合同是必然的"呢？

"必然"意味着如同往常一样"没有波动"，也就是"畅通无阻"的意思。要达到这种状态，尽可能按照之前的节奏继续对话就好了。

"也就是说，您决定与我们合作了？"像这样，确认客户的意思时语气要尽可能地沉着冷静。

销售在最后关头通常都会很激动，"终于要苦尽甘来了！"的紧张情绪很容易通过声音变大和语速变快直接体现出来。

因此，签单阶段一定要保持平常心！这是推动签单的秘诀。

技巧 18：熟练 7 步骤，掌握提问销售法

体育运动员一般都要经过训练才能参加正式的比赛。考试也一样，要先复习知识、做练习题再进行考试。

无论是体育比赛还是考试，不练习就无法收获好成绩。也就是说，**练习是取胜的前提**。

然而很多公司却经常在销售员毫无准备的情况下要求他们去跑业务，这样怎么可能会成功呢？

销售员是不可能在既没有学习理论又没有练习的情况下拿到订单的。也许他们在连续失败好几个回合后能够领悟到什么，在反复试错中慢慢变得熟能生巧，但是成功的概率微乎其微。

我一直认为"销售是有理论的"，因此我开始了我的研究并找出了答案。

前面我已经为大家揭示了我所发现的销售原理，下面我将介绍一些能够在工作中运用这些原理的练习方法。

1. 练习的流程

练习要按以下流程进行。

①编写问答脚本。
②检查问答流程。
③把问答练习录制成音频或视频进行检查。
④修改并完善问答脚本。
⑤背诵问答脚本。
⑥单人角色扮演练习。
⑦把练习过程录制成音频或视频，最后再检查一次。

在检查问答脚本的时候要从两点出发：一是"说起来顺口"，二是"听起来好理解"。

还可以让同事提出一些建议，以提高脚本的质量。另外，如果同事平时就对提问销售法有所了解的话，脚本的质量可能会更高。

2. 编写问答脚本

编写问答脚本也需要方法和技巧，我甚至可以另外再写一本书专门讲解这一方面的内容，由于篇幅有限我就只说明一下要点。

有客户才有销售，所以在制订过程中要针对"我的提问是什么""客户会有怎样的反应"以及"我要如何回应"这三大点进行编写。

有些人会想：正因为客户会与我们对话，所以才不能按照预期展开，这难道不是白费功夫吗？

这种情况更多的是发生在"以介绍为主的对话"当中，因为向客户说明再多，对方也不会一直安静地听完全部。而"以提问为主的对话"是在客户的回答中展开的，因此销售可以通过提问控制对话走向。

按照提问销售法的流程编写问答脚本为佳。

①用接续词把对话从寒暄环节切入到提问环节。
②围绕对方的人生经历、工作经历、生活方式以及思维方式进行提问。
③围绕对方的现状和需求进行提问，激发客户购买意愿直至签单。

当然，现实中的对话是不可能完全按照预期展开的，但在这样的练习中可以提高我们的自信心。这样的自信心能够孕育出极佳的商谈能力和随机应变能力。

另外，第①步尤其重要，按我说的方法去做基本上是没问题的。

3. 关键词

对话中有一点非常重要——插入"关键词"。

下面我以某供电企业为例说明,这家企业的关键词是"节省费用"。

"不好意思,可以打扰您几分钟吗?"

"有什么事吗?"

"非常感谢您抽出宝贵时间。我们来自××公司,请问您了解过我们公司吗?"

"我知道你们公司。"

"是这样的,我们公司现在正在推进节能项目,为此我们面向广大客户推出了新的优惠套餐,最多可以节省20%的费用,其中有些地区甚至可以节省50%。话说回来,您每月的电费大约是多少呢?"

"100万日元左右吧。"(设想对方这样回答)

"费用还是挺高的。这样看来每个月可以省下至少20万日元,全年下来就是240万日元了。"

4. 用关键词引导客户进行设想

这样一来,客户就会对这个话题产生兴趣。

他/她可能会想:"全年240万日元……要真能省那么多,

也许用这笔钱还能再雇一个人。"

"关键词"的作用就是引导客户进行合理的设想。那么,如何让关键词在对话中有效地发挥作用呢?

如果一开始就长篇大论地进行介绍,很可能会被对方以"没时间"为由打断对话。而如果像我上文那样,开头就把关键词抛给对方,就能很快引起对方的兴趣。

以推销翻修方案为例,假如销售上门就开门见山地说"我是来推销翻修方案的",对方一定会马上打断对话。而如果把开头改为"我是来为您改善居住环境的",则给人的印象大有不同,从而能吸引客户的注意。这里的关键词是"改善居住环境"。

5. 单人角色扮演练习

我一直建议学员们一个人进行练习(培训期间,我会安排所有人一起练习,但会单独检查他们的气场和措辞)。

我把一个人的角色扮演练习(模拟体验)称为"单人角色扮演练习"。但是要提前设想好提问、客户的回答,还有"哦!""原来如此啊!""好厉害!"等表达同感和赞美的话。

为什么要一个人练习呢?

第一,因为我们首先要做到把编写好的对话烂熟于心,不断地进行练习直到能够脱口而出;第二,因为单独练习可以把自己设定为成功的角色。

两人角色扮演的情况下，如果对方没有及时做出回应，自己会很容易失去自信心。

单人角色扮演中设想的客户一定是"好客户"，我们要在成功的设想中不断进行练习。而且单人角色扮演可以不用顾虑旁人的眼光，把自己当成演员在舞台上练习就好。

如果感觉"差不多了"，就试着把自己练习的过程录制下来进行分析。另外，找时间分别录下"普通的自己"和"表演时的自己"进行对比，效果会更好。

练习时觉得自己反应过度，观看录像时反倒觉得正常的情况还是挺常见的。实际上，练习中"稍微过度"的表现反而会让人觉得恰如其分。

刚开始看自己的录像可能会觉得不好意思，但要知道在实际工作当中，客户也是这么观察自己的，所以要提前做好"被观察"的心理准备。

6. 以旁观者的角度审视自己

练习时必须要记住一点：要以旁观者的角度审视自己，而不是主观地表现自我。也就是说，要站在客户的角度上观察自己的表现。

- 状态如何？
- 措辞如何？

- 节奏如何？
- 声音如何？

要养成以旁观者的角度审视自己的习惯，反省自己的措辞是否得体、说话节奏是否适中、声音是否温和，确保自己的表现能够被客户接受。

录像和录音可以有效帮助我们实现这一点。现在智能手机都具备这些功能，录制起来很方便。

我再强调一次，**真正重要的是客户眼中的你，而不是你眼中的自己。**在练习的时候一定要时刻以旁观者的角度审视自己。

7. 角色扮演练习的意义

单独角色扮演的过程也是培养自信心的过程。因为我们设想客户会按照自己的预期行动，所以就不会有失败一说，每次练习都一定能顺利签单，百战百胜。

"多亏了你我才买对了东西。真是太感谢了。"
"哪里哪里，能为您效劳是我的荣幸！非常感谢您的支持。"

因为脚本设定的都是这种好结局，所以练习得越多越有成就感，越想尽快亲身投入实践。

如果练习到有跃跃欲试的感觉，实践的成功率也会大幅提高。

技巧 19：做好售后，建立销售的信念

本章最后我想提醒大家一件非常重要的事。

我在书里多次跟大家强调销售的价值在于为客户解决问题，但对客户来说，推销出去的产品和服务最终真的发挥了它的价值吗？只有弄清楚这一点才算是在真正意义上建立起了"**销售的信念**"。

一般意义上的销售以"卖货"为目标，一旦成交和客户的联系就结束了。而我提倡的提问销售法则以"实现价值"为目标，所以，销售员即使把产品推销出去了，也要继续确认产品和服务是否对客户有用。

假如我是卖高端吸尘器的销售员，客户向我购买产品的理由无非是"比以往的产品更好用"。

客户购买的是产品和服务的价值，也就是"效用"。所以客户会想告诉销售员："多亏了你，我家变得整洁了，我非常开心"。因此，销售一定要去获得这样的反馈，没时间拜访也要打电话联系。

但是获得反馈需要花费时间，更需要莫大的勇气，因为客户也有可能会反馈"没什么变化"。

这种情况下我是这么思考的："没什么变化"也许是还没有达到期望的意思，但也意味着和过去相比稍微发生了改变。所以要向客户确认清楚他们的想法，继续追问"没什么变化的意思是稍微有那么一点儿变化是吗？""哪里有变化呢？""怎么变化的呢？"……

这时客户又会给出积极的回应，并且在潜意识中也觉得"的确发生了变化"，最后做出"保持现状"的判断。

技巧 20：售后跟踪，才是销售的开始

我之所以说售后跟踪才是销售的开始，是因为客户的反馈会转化为销售人员工作的动力。

客户的认可能够调动销售员的干劲、帮助销售员建立自信心并带来工作上的希望。久而久之，销售会越来越坚定自己的信念。

于是，整个人的气场都变得不一样了。

有位销售员在工作现场看了我做的示范后好像很惊讶，他问："为什么呢？老师，您是怎么做到一下子就把客户吸引过来的？"

我想这很可能是因为我"为客户解决问题"的信念已经转化为我的气场了吧。所以，即便当我面对有戒心的客户时，也能微笑着从容应对。

"买不买都没关系，让我了解您的想法就好。"简单的一句话就能让客户感到亲切。也许正是因为有这样的亲和力，我才能够在短时间内打开客户的心扉吧。

话说回来，之所以有好的反馈结果，我想也是因为合作过程本身就很愉快。毕竟强扭的瓜不甜，就算客户勉强购买了产品，你也不会想要主动找客户寻求反馈，找了也不一定会有好结果。

而"提问销售法"为工作带来了良性循环。从客户购买产品到售后反馈，销售始终是自信且愉快的，因此整个人的气场会变得越来越强大。

这样的良性循环正是源自"为客户解决问题"的信念。

第五章

销售赋能：活用提问销售法

- 遵循他人意愿地提问，促进良性循环
- 提问保持联系，增强可持续合作的可能性
- 积极接受事实，提问可以带来新方案
- 客户的认可，是销售工作的原动力
- 学会提问，让生活"润"起来

提问改变执念，影响自己和他人心境

到了我这个年纪，我能深刻感受到人的贪得无厌。我已经年过花甲了，我的女儿和儿子也已经长大成人步入社会了。

前些日子，我的妻子对我说了这么一番话：

"你们公司的新业务刚开始还没走上正轨的时候，你经常待在家中狭小的工作间里给客户打电话。孩子们那时候还在上小学低年级。他们的桌子正对着你的工作室，有一天你正在打电话，他们突然打起架来，小女儿被大儿子撞到柱子上，发出'嘭'的声响。这件事你还记得吗？

"当时你吓了一跳，我到现在都还记得你当时的表情。你一边跟客户打电话，一边瞪圆了眼睛转头看孩子们，看上去很惊讶。我想你应该很意外吧，孩子们即使受伤了也不哭不闹，打架也忍着不发出声音。这是因为孩子们不想打扰你工作啊。

"为了这个家你付出了很多,但你却总是反过来安慰我们'没关系''不要担心''一定会好的',因为你坚信自己走的路是对的。你说你通过这份工作帮助了有需要的人,获得了他人的认同,所以一切都一定会好起来的。兴许孩子们是受到了你的影响,领悟到了什么,才跟随你踏上了销售这条路吧。你说神奇不神奇?"

我回想了一下,的确发生过这么一件事。

我是在那个时期发现了提问销售法的。采用了提问销售法后,我的整个人生都发生了改变。这样的变化渗透到了我生活中的每一个角落。

首先,人际关系发生了改变。学会提问后,我变得更能体察人心、设身处地为别人着想。

以前的我是说服性销售,所以回到家里也习惯用"说服"的口吻讲话。也许因为当时工作不是很顺利,我还把工作上的压力发泄给家人,说出"我都这么煞费苦心了,为什么你就是不明白!"这样的气话来。

那个时候即使我再努力也逃不出悲观的情绪,每天都在焦虑和沮丧中度过。

然而就在那一天,我和平时一样拜访客户,却迎来了意想不到的转变。事情的经过我已经在前文完整地告诉大家了。

从那天起,我整个人都感受到了前所未有的轻松和自由,仿佛终于卸下了沉重的盔甲和脚镣。那也是我第一次察觉到：束缚我的不是别的，正是我内心的执念。

遵循他人意愿地提问，促进良性循环

人明明只会按自己的意愿行事，但却总是想要操纵别人。于是"邪念"就乘虚而入了。它歪曲人们对人际关系的认知、对他人的认知和对自我的认知，把人卷入迷失自我的泥潭并让他们痛苦不堪。

"为他人创造价值"的人生态度与此正好相反。

既然人只会按照自己的意愿行事，我们就应该尊重对方的想法，不能强迫别人。我所提倡的提问销售法就是以这样的理念为基础的。

如果对方没有购买意愿，就不要强行推销；如果对方有购买意愿，则应判断清楚自己是否能为对方解决问题，再提出解决方案。双方都是自愿的情况下，结果自然也是令双方都满意的。

于是工作变得愉快了，压力得到释放了，内心也变得充盈了，因此也有了"为他人创造价值"的动力。

没有了工作上的压力,回到家就能好好放松心情。和家人的关系变好了,自然就会将更多的精力投入到工作当中。身边的一切都在好转,职场和家庭的氛围都变好了,客户的好评不绝于耳。

由此可见,"为他人创造价值"的人生态度让我们进入了一个良性循环。

利用提问销售法，改善亲子关系

如今在日常生活中，我也习惯了用提问与人展开对话。比方说计划出门之前，先询问对方当天是否有空再做决定。

我和孩子们之间也是这样。

我问道："今天工作怎么样？"

孩子们做了回答。

我随口感叹："原来如此，也是啊。"

孩子们苦笑着，说道："爸，你怎么这么敷衍？"

但是我觉得这样就够了。一旦想要操纵对方，双方都会感到很痛苦。总之边试错边学习吧，一定会给自己带来收获的。

说起亲子关系，最近我收到了一条非常有意思的留言，是我的播客听众——一名来自九州的大学生给我的留言。他向我讲述了他把提问销售法运用到亲子关系上的经历。

"以前我经常被父亲教训,一直默默忍受着父亲的呵斥。我心里也很窝火,很讨厌他总是把自己的想法强加于我。有一天我突然想到用提问的方法来应对父亲的指责,于是试着在父亲刚开始数落我的时候反问他'到底是什么意思''为什么要这么说我',结果你猜怎么着?——我开始慢慢理解父亲的用意,父子关系也因此好转。"

我想,之前父子关系不好是因为父亲说得不够明白,所以孩子也不明白父亲为什么训斥他。提问,刚好帮助他理解了父亲的本意。

提问保持联系，增强可持续合作的可能性

前几天我和某位退役的棒球运动员聊到了销售这件事。

他是铁杆车迷，有一次他去买车，由于职业的关系他比较注重车的安全性能，加上当时也已经决定了要买哪一款，所以很快就和销售员谈妥了。但就在那时，销售员突然叫住了他，给他推荐了另一款车型，比原来的低一个级别。

他当时很不解：明明都谈好了，为什么还向我推荐别的车？

原来，销售员在综合考虑了车的性能和他的用车习惯后，认为另一款车更适合他，所以才推荐的。他被这位销售员的服务态度深深打动，瞬间对其产生了信任感。

后来，即使那位销售员换了工作，他还是会特意找那位销售员为自己推荐车型。也多亏了那位销售员，他很享受开车的乐趣，并因此更加喜欢车了。

实际上，我做销售的时候也有类似的体验。

在我发现提问销售法之前,我从事的是房地产的销售工作。虽说我也有一定的销售经验,但因为我是第一次接触房地产行业,所以跟外行没什么两样。

对大多数人来说,一生中买房子的次数是屈指可数的。推销这么重要又贵重的产品让我深感责任重大。我正是在那个时候探索出了提问销售法的原型,并真正理解了"家"的概念。

我带客户参观房子的时候,经常会和他们谈天说地,期间会问及客户的情况。

"话说回来,您为什么要买房子呢?"
"可以了解一下您的家庭结构吗?"
……

不知不觉中,我感觉自己和客户融为了一体。

"不惜背下高额房贷买房""忙了一天,回家总能感到安慰""孩子们能够为家增添不少活力""最重要的是想给妻子一个完整的家"……我仿佛能从客户的回答中看到他们的人生轨迹。

我不假思索地对他们说:"我会竭诚服务到您满意为止,有我在,一定能帮助您找到满意的房子,毕竟这是人生里为数不多的买卖。我为您介绍一下接下来我们要去看的房子吧,您不买也没有关系。"

要是上司听到我说"不买也没关系"这句话，一定会很震惊吧。不过那对夫妇在我的多次介绍下终于找到了满意的房子。

从那以后，我决定要认真为客户的需求尽一份力。

这种做法的确有些"另类"，但我却为公司创下了"两年只被两个客户放鸽子"的业绩。客户"放鸽子"也就意味着他们找了别的房地产公司买房。同事们都说这是史无前例的成绩。

我带过的客户里有9成以上的人都把我当成了人生规划师。我在那时终于体会到了在真正意义上与客户建立密切关系的喜悦。

不是销售能力的问题，而是销售方法不对

给汽车经销商做培训的时候，我发现店长的言行十分异样。他说话时总是低着头，既没有工作热情，也没有领导的样子，精神十分萎靡，似乎快撑不下去了。

我对他说："我的话可能听起来不太好受，但你要知道这样下去会被开除的。你现在是怎么想的？"

"嗯，我知道这样下去是不行的……"

"想不想改变？"

"想。"

"好。那试试看吧？只要按我说的去做，就一定会有转机的。你要不要相信我试一试？"

"好，我试试看。"

后来他逐渐恢复了精神,现在已经是 8 家经销商的店长了,去年还获得了最佳店长称号。可以说,他的人生发生了非常大的转变。

他说:"真的多亏了当年青木老师的指点,才有了现在的我。"

他非常认真地按照我的指导去实践。之前正是因为他过于一本正经,什么都一个人默默承受,才把自己逼上了绝路。

抱着真心想帮助他摆脱困境的想法,我对他开始了非常严厉的指导。

"那样不行。"

"那里要这样做才对。"

"不行、不行!那样做就完了。"

……

但是我所做的,说到底就是向他传授方法,所以才会那么严格。除此之外,我不对他的人格做任何评价。

喜欢以"为什么你总是那样,所以说你不行啊"这种说教的口吻上课的人不在少数,但这样很容易打击对方的自信心。指导时应直接指出对方的错误而不评价对方的人格。

我认为,这位店长之所以会萎靡不振,是因为方法出现了问题。方法一旦出现问题,结果也就很难如愿了。

所以说，无论什么事情只要在开头做出改变，结局也一定会发生改变的。

提问解决沟通难题，将对话进行到底

很多人都说年轻人沟通能力差，但我觉得那只是部分年长者对年轻人的偏见，因为年长者中也有很多人不擅长沟通。

我曾经就是不擅长沟通的人，并一度为此感到非常痛苦。

工作的时候总是事先把要说的话都牢牢记在脑海里，才能尽可能地把想说的都传达出去。

我知道自己不擅长聊天，所以会刻意去背一些热点话题。然而，正因急于希望别人理解自己的心理，所以，一说话我就很容易变得不耐烦。

而且我发现，说得越多，对方反而越冷淡。越是焦虑，越难以看到成果。

在这一方面，说实话我认为年轻人可能更胜一筹。

当我开始习惯用提问展开对话后，我变得不再害怕沟通了。因为不用逼着自己去说什么，只要倾听对方说话就好了。没有了硬着头皮说话的压力，也就跟什么人都能聊得来了。

即使对方是没有什么共同话题的年轻人，也可以用提问找到话题。

"现在都流行什么款式的衣服？"
"现在流行这些。"
"哦——原来如此。我不太了解这个，那是什么样的衣服呢？"
"啊？你不知道啊？是这样的……"

这样一来就能打开对方的话匣子了。

有些人很怕遇到博学的人，因为害怕自己学识浅薄无法接话。其实这种情况下只要不停地提问就好了。

"老师，您现在正在从事什么研究工作？"
"我现在正在研究这个。"
"哦——好厉害啊。我不是很懂这个，具体是做什么的呢？"
"什么呀，你连这个都不知道吗？是这样的……"

接下来对方就会很高兴地进行说明。

不擅长沟通的人只要学会提问，也能顺畅地与人进行交流。相反，如果对方是比较沉默寡言的人，那么只要积极主动向对方提问，在对话中时而表达同感，这样一定能让对话顺利进行下去。

提问可以加深对话双方之间的感情，是最好的沟通法宝。只要用提问进行交流，一定能够进一步了解对方的世界。

用提问指明方向，拓宽话题空间

下面我来举例说明提问是如何拓宽话题空间的。

在佐贺县经营民宿的一位男性向我反馈说，听完我的讲座后，他开始试着用提问的方法与外国客人进行交流，结果与客人结下了很深的友谊。后来，这位外国客人把民宿推荐给了家人和朋友，前来投宿的客人一下子增多了不少。

在此之前，每当客人想请他当导游介绍当地情况的时候，他都是简单介绍几句就草草了事。然而当他试着提问后，客人逐渐向他打开了心扉。

他问："你对这个感兴趣吗？你想了解什么呢？"

客人回答："回国后想多宣传宣传这种东西，因为我觉得我们国家现在也需要这样的东西。"

后来他写了一封信给我。这封信带给了我不少启发,在这里给大家分享一下。

"'在你们国家,石头是用来干什么的呢?'我带客人去下一个景点的路上,有一搭没一搭地问他们问题。随着话题的深入,我逐渐知道自己能为他们做什么了。在为这些外国客人当导游的过程中,我感觉到他们很乐意向导游分享自己的人生经历。不知不觉中,我了解到了很多不一样的人生,以及其中的酸甜苦辣。这时我才发现,原来这个世界上也有人希望别人询问自己的人生经历。"

大家看完有何感想呢?我认为这封信真是太精彩了。
原来提问还可以为别人指路!这是我从他身上领悟到的提问的价值。

建立亲子对话，提问比指责更有意义

有一天，一名女性销售人员给我带来了她的好消息。

"多亏了老师您的指导，我不但业绩上去了，还从主任升为了课长。真的是太感谢您了。还有一个好消息，也是托了您的福，是关于我儿子的事情。"

"哦——令郎怎么了？"

"他最近学习有点不认真……我想让他去补习班，但他怎么都不愿意去。"

"是这样啊，然后呢？"

"果然不出我所料，他最近的一次考试得了10分。"

"哦！好厉害啊。是满分吗？"

"才不是，满分100分只考了10分。很头疼，对吧？"

"这确实是，然后呢？"

"这一次我没有像以前那样向他发火,而是忍着怒气试着用提问法跟他沟通。"

"哦——真了不起。后来呢?"

"我先是问他:'这次考试怎么回事了,是不是题太难了?'听他回答后我又安慰他:'是这样啊,虽然很难,但你也考了 10 分对吧。'再问他为什么拿到了这 10 分,他说:'因为刚好知道这个知识点。'"

"哈哈,真亏你能忍着问这么多。后来呢?"

"我继续问:'有了知识点的储备才能像这样得分呀。那今后你打算怎么做?'儿子沉思了一会,回答:'尽量把知识点都记住,也就是好好学习。'然后他就回房间了。"

"哦——!接下来呢?"

"第二天他跟我说他想去补习班了。明明之前我劝了他那么多次,他都说坚决不去,太让我惊讶了。"

"那真的是太好了!你这次的表现也可以拿 100 分!"

用提问打开孩子的心扉,引导孩子主动思考,反而更能让孩子做出改变。

收到这么好的反馈,我也由衷地替当事人感到高兴。

最好及时提问，用提问弥补遗憾

不管是亲子关系，还是夫妻关系，关系越亲近，反倒越无法好好沟通，越是想操纵对方按自己的意愿行事。

在亲密关系里，人们很容易因为对方的不理解而陷入情绪泥淖，抱怨对方不懂自己。实际上在要求对方理解自己之前，必须要先试着理解对方。然而很多人都做不到这一点。

我的父亲出生在日本富山的一个农村家庭，他高中就读商业科[1]，后来毕业去了陆军士官学校，是一个非常勤奋上进的人。

我读书的时候成绩并不好，所以不太敢面对父亲，我和父亲一直没什么交流。

然而在我学会提问后，我们的关系逐渐破冰了。父亲在世的最后20年里，我们把以前没有说的话都补回来了。提问让我们的

---

[1] 商业科在日本是职高课程，主要学习基本的商业知识和技能。

父子关系变得更加亲密。

父亲临终前,我们之间有这么一段对话。那时父亲已经年过90,我怕以后没什么说话的机会了,所以又向父亲询问了一次他这一生的经历。

"小时候过得怎么样?"
"士官学校里的生活如何?"
"二战后为什么选择去大阪?"
……

父亲一边回忆一边向我说起了他的过往,看起来很开心。其中很多事情都是我第一次听说。

"爸真的很厉害,那个时代可真是不容易啊。"
"是啊,我也很佩服自己,毕竟前一段时间我还在干活呢。"

父亲本身是一名技术人员,后来换了许多工作,后半生有30年都在做打字员。再后来他成为一名企业顾问,一直工作到了90岁。

我拿出一个记录了我半辈子经历的笔记本给父亲看。这是我经常在公司销售活动中拿出来使用的本子。

我对父亲说:"这个本子记录了我的人生。我想如果把爸的一生也记录成册，一定很精彩。忙完这段时间，我给您写下来吧。"

父亲很努力地看完我写的"自传"后，笑着对着我说："阿毅写得真好啊。我的就算了吧。"

不久后父亲就住进了医院，走完了人生的最后一程。很遗憾我没能把父亲的一生记录成册，但能够在最后和父亲聊了那么多，我也心满意足了。我想我也算是完成了最后的孝行。

积极接受事实，提问可以带来新方案

如果在考试中遇到完形填空的题型，你会如何作答？

题目：

"今天去拜访了客户，但没谈成，真是没办法啊。_____"。

也许每个人的答案都不一样，但"积极的解读"与"消极的解读"会让后续的发展大为不同。如果让我作答，我会选择"积极的解读"。

我的答案是：

"今天去拜访了客户，但没谈成，真是没办法啊。今后一定要好好吸取今天的教训。"

对于这句话里的"没办法",我的理解是让自己以积极的态度接受、承认事实,下一步则要积极地思考"怎么做"。

如果我们不接受事实,就会把责任转嫁给他人,在抱怨中逃避问题。这种消极的态度是无法让事情得到解决的。

我们在生活中必定会遇到各种各样的事情,这时候首先要做的是试着去接受。我一直认为,只要学会接受事实,无论什么事情都一定能迎来转机。

我用提问的方式打听客户的"现状",也是为了让客户面对现实。只有客户与我都接受了现实,我们才会在"思考下一步行动"的路口相遇。

很多人会因为抵触情绪在无意识中逃避现实,对存在的问题置之不理。然而只有直面事实,对事实进行思考,我们才能找出症结所在。

这时候应如何扭转局面呢?——提出方案,帮助客户打开新世界的大门,为客户提供更多可能。

这就是销售的工作。

我深刻感受到,能够为客户提供帮助的销售人员本身就蕴含了无限潜力——帮助客户打开人生视野的潜力。

随时以身作则,随时成为他人榜样

有一次,我负责为一名在大街上发传单的销售人员进行培训。我到了约定的车站后,很快就等到了他。他背着一个背包的同时还提着两个公文包,看上去十分辛苦。

"这么重能走得动吗?话说这些是拿来干什么用的?"
"啊,这个吗?拿来以备不时之需。"
"不时之需指的是什么?感觉也用不上啊。"
"呃,其实几乎都派不上用场。"

我很佩服他如此认真的工作态度。

"可你这样很累吧?"
"哎呀,这就是生活呀。"

"话是这么说,但如果被孩子看见了,你在孩子心里的高大形象不就崩塌吗?你觉得孩子还会以这样的父亲为榜样吗?"

"……"

第二天,他只带了一个手提公文包。

"你今天看上去可精神多了。"

"嘿嘿,是吗?谢谢。这样感觉心情舒畅多了。"

以前看电视剧的时候,有一个场景给我留下很深的印象。

剧中主人公的公司破产了,记者们都争相赶到他家想要进行采访。主人公也是当了父亲的人,他很坚定地对记者们说:"我就在这里,绝不会逃走。公司是破产了,但我一定会东山再起。"他的女儿在一旁目睹了这一切。

我看到这里的时候,不由得感叹:为人父母就该如此。

父母是否能成为孩子的榜样就在于他们是否能够以身作则。当孩子看到父母无论遇到什么挫折也不屈服的姿态时,他们内心的希望与梦想也开始萌芽了。

客户的认可，是销售工作的原动力

写着写着，我有点像在说教了。其实我也没有什么立场说这些大道理，毕竟我的人生几乎都是在反省中度过的。

42岁那年，我探索出了提问销售法，那时我终于明白客户的认可才是工作的原动力。

以前我苦于恳求、说服客户购买产品，深知这种办法是行不通的。但我却总是以"达成目标""为了生计"等借口逃避现实，败给了眼前的利益。直到发现了提问销售法，我才开始真正说服自己要做出改变。

刚开始用提问销售法工作时，一切还未进入正轨。尽管经济上十分困难，但我还是克制住了对唾手可得的利益的渴望，还因产品不符合客户要求而拒绝提供产品给客户。

话虽这么说，有时我也会一时冲动强行把产品推销给客户。

但等待我的只有无尽的后悔,毕竟强硬的销售方法并不能带来好的效益。

我一路走来,做的事情绝不可能全都正确。即使我明白应该怎么做,也还是会继续犯错。

尽管刚开始会因为不习惯而感到焦虑,但事情总归朝可控的方向发展了。这并不是一朝一夕就能改变的,只有交给时间,我们才能养成坚定的信念。

虽然我在这本书里讲了很多大道理,但其实这些都是我在工作中总结出的教训。我可以自信地说,这些都是我在尝遍人生百味后得出的最好的启示。

学会提问，让生活"润"起来

"为他人创造价值"的人生态度所驱动的生活是充满喜悦的，我们身处这样的环境中，自然会获得越来越多的认可，于是我们就会有一种如获重生之感。

那种喜悦是不可名状的，可以说那是一种无与伦比的幸福感吧。总之内心的某个地方开始变得有温度，这一份温度也在无形中传递给了身边的人。

只有内心丰盈了，生活才会"润"①起来。

正因为我经历了这一蜕变的过程，所以才有底气跟大家说下面的这番话。

实际上，我花了很多年的时间才让生活变得"润"起来。尽管这期间我过得很快乐，然而现实却很残酷。当时我想，如今我

---

① "润"在日文中的意思是"有情趣"。

得到了这么多客户的认可,而且还在他们的介绍下获得了更多的人脉,怎么可能爬不上去?

有一天,我终于意识到,以前自己不过是在折磨别人罢了。

当然了,我说的折磨不是犯罪,而是强行推销产品给客人这件事。那时我总是优先考虑自己,虽然偶尔也会得出一些成果、受到表彰,但那样的人生是在嫉妒、怨恨等负面情绪中度过的,久而久之,内心的"负债"越积越多。

而现在,我终于能够在获得他人的认可中,还清之前欠下的"人生债",生活也由此逐渐变得"润"起来了。

有人跟我说,"润"这个字是"门"里一个"王"再添上"三点水","门"是城堡,"三点水"是眼泪,"王"是国王。意思就是,城堡里的国王看到人们生活幸福的样子,高兴得流下了眼泪,喜悦的泪水溢出了城堡,就成了"润"。

被喜悦的泪水浸润的人生,想想就很美好。

秉持提问的本质，坚定提问的信念

有时候，人们很容易被突如其来的事情挡住自己好不容易探索出来的人生道路，甚至因此迷失方向。我也不例外。

好不容易建立起的"为他人创造价值"的信念，也会时而变得模糊，待察觉之时自己的思想已经被其他的杂念所占据。一旦出现这种情况，就要不停地回想、实践，让它变得更加牢固。

人是健忘的，所以我一直认为，我们要给自己的信念浇水，直到它在心中生根发芽。这是非常重要的。

"为他人创造价值让我感到快乐。我的工作就是为了帮助他人。"

我也不知道我对自己重复了多少遍这句话了。为了不让自己忘记，我每天都会在本子里写上自己的目标和使命。

不仅如此，我还从27岁就开始养成了每天写日记的习惯。这既帮助我巩固了记忆，也帮助我树立了目标和使命。

我一般会在早上写日记，如同每天早晨给花草浇水一样。有出差或者其他事情的时候，我会在事后把没记下的日子都补上。

总而言之，做这些就是为了让自己不失去信念。

对我而言，目标就像是飘在空中的风筝，总是摇摆不定。一旦失去信念，目标就会像断了线的风筝一样随风而去。所以，为了时刻铭记自己的信念和目标，我总是有意识地记录下这些点点滴滴。

另外，要树立自己的信念，就必须从实践出发，最好的肥料是喜悦与他人的认可。

想要树立信念、目标和使命，什么时候都不晚。只要下定决心就可以马上行动。至于怎么做，按照适合自己的方式就好。

秉持着"为他人创造价值"的人生态度，一定会从根本上为你的人生带来喜悦与水分。

后　记

这将是我的第 11 本书。

我在指导学员学习提问销售法的时候经常会觉得，自己不仅仅是在授课，也是在阐述一个人应该拥有什么样的人生态度。

这毕竟是我一路走来的亲身感受。

我在 40 岁之前，经历了无数次的失败与挫折，度过了充满苦涩与不甘的每一天。后来，在学会了提问销售法以后，我的人生迎来了 180 度的转变。从那以后直到 62 岁的今天，我每天都沉浸在快乐与喜悦之中，收获了许多感谢的话语。

这些都是我从做了大半辈子的销售中品味出来的。我通过培训课程、播客等途径，将这种人生态度传授给了有需要的人。

这一次，我将我的毕生经验撰写成书，委托 SUNMARK 出版社出版上市。

实际上这本书的灵感来源于我的后辈对我进行的一次采访。采访历时 3 天，共计 20 多个小时。我们选择用录音的形式记录，再把录音的内容用文字转写出来。因此，光是原稿就有 830 页。

把原稿的内容分类整理后制作成册,这本书就这么诞生了。

所以跟之前的书相比,这本书的内容会稍显不同,但我通过销售这份工作总结出的最有用的经验大多都写进了这本书里。

我由衷希望各位能够从中受益。

想必我的大部分读者都是比我年轻,对今后的人生充满了希望与期待的人。

如果此书能够"为你创造价值",这将是我无上的荣幸。

青木毅